Emil Egli

Die christlichen Inschriften der Schweiz vom 4.-9. Jahrhundert

Emil Egli

Die christlichen Inschriften der Schweiz vom 4.-9. Jahrhundert

ISBN/EAN: 9783743427440

Hergestellt in Europa, USA, Kanada, Australien, Japan

Cover: Foto ©ninafisch / pixelio.de

Weitere Bücher finden Sie auf **www.hansebooks.com**

Die christlichen Inschriften der Schweiz

vom

4.—9. Jahrhundert.

Gesammelt und erläutert

von

Emil Egli.

Mit 4 Tafeln und 3 Textabbildungen.

Zürich.
In Commission bei Fäsi & Beer.
Druck von David Bürkli.
1895.

Mittheilungen der Antiquarischen Gesellschaft in Zürich.

Band XXIV, Heft 1.

In seiner „Kirchengeschichte der Schweiz bis auf Karl den Grossen", Zürich 1893, hat der Verfasser angekündigt, dass er die alten christlichen Inschriften des Landes in einer eigenen Schrift abzuhandeln gedenke, und auch im voraus für das Nähere auf diese verwiesen. Hier liegt nun die Sammlung vor, mit den spätrömischen und merovingischen Denkmälern zugleich die karolingischen des 9. Jahrhunderts umfassend.

Die Arbeit wurde vor Jahren begonnen, als die Inschriften anderweitig erst zum Theil gesammelt waren. Inzwischen haben ausländische Publicationen schweizerisches Gebiet in ihren Kreis einbezogen und dem Verfasser wenig Neues mehr übrig gelassen. Doch blieb die Aufgabe, das Zerstreute zu einer schweizerischen Quellensammlung zu vereinigen, über Originalien und Litteratur bei jeder Nummer das Erreichbare mitzutheilen und die Inschriften, besonders durch Vergleichung mit den von Edmond Le Blant für Gallien gesammelten, eingehend zu erklären; auch wurde für gute Wiedergabe im Bilde das Möglichste gethan. Der Verfasser hat vor einigen Jahren die Originalien an Ort und Stelle eingesehen und deren Abformung angeregt. Die Schweizerische Gesellschaft für Erhaltung vaterländischer Alterthümer sagte ihm, wofern er die Correspondenz besorge, in erfreulicher Weise ihren Beistand zu, und so ist das Antiquarium, bezw. jetzt das schweizerische Landesmuseum in Zürich, zu einer Sammlung von Abgüssen fast aller noch vorhandenen Stücke gekommen. Es liegen neben zwei Originalien, Nr. 3 und 36, in Zürich die Abgüsse der Nummern 1, 11, 12, 14—17, 24—34, 37, 40—44, 47, sowie Photographien von Nr. 9, 22 und 23. Nach diesen Vorbildern sind unsere Tafeln hergestellt. Ohne viele Mühe und dankenswerthes Entgegenkommen von Behörden und Privaten, welche die Abgüsse besorgten, wäre es nicht möglich geworden, genügende Abbildungen zu bieten.

Die Herren Professoren Dr. Georg von Wyss und Dr. B. Pick waren so freundlich, ersterer alle, letzterer die ältern Nummern durchzusehen und dadurch der Arbeit einen schätzenswerthen Dienst zu leisten. Herr von Wyss ist wenige Wochen nachher gestorben; seine Beiträge findet man an mehreren Stellen wörtlich aufgenommen. Auch Herrn Professor Dr. J. R. Rahn schuldet der Verfasser vielen Dank für mehrfachen wirksamen Beistand und ebenso andern Herren Gelehrten, deren unter den betreffenden Nummern gedacht ist.

In Abkürzung werden citirt die Mémoires et documents de la société d'histoire et d'archéologie de Genève (citirt MDG) und der société d'histoire de la Suisse Romande (MDR). Ferner folgende neuere Inschriftenwerke:

Th. Mommsen, inscriptiones confoederationis Helveticae latinae, dieser Mittheilungen Bd. X (1854), dazu erster Nachtrag von F. Keller und H. Meyer Bd. XV (1865) p. 205—219.

Edmond Le Blant, inscriptions chrétiennes de la Gaule antérieures au VIIIe siècle, Tome I (1856) und II (1865), dazu ein dritter Band unter dem Titel Nouveau receuil des inscriptions chrétiennes etc. (1892), citirt NR.

F. X. Kraus, die christlichen Inschriften der Rheinlande I (1890) und II, 1 (1892).

Corpus inscriptionum Latinarum (citirt C. I. L.), besonders Bd. XII (1888).

Zu den Tafeln sei bemerkt, dass für I—III der Maassstab auf Tafel I gilt, mit folgenden Ausnahmen: aus Nr. 1 ist das Monogramm in Originalgrösse besonders beigegeben; der Discus Nr. 9 ist bedeutend und die Gundobad-Inschrift Nr. 11 um weniges (wegen des Formates) kleiner genommen (die Maasse im Text). Tafel IV giebt die Abdrücke der Ringe in natürlicher Grösse, die Schnallenbeschläge um $1/_3$ reducirt, die Gläser aus Avenches stark verkleinert (Maasse im Text).

Zürich, im Juli 1894.

E. E.

I.
Römische und merovingische Zeit.

Sitten.

1. Monogramm Christi in öffentlicher Inschrift des Präses Pontius Asclepiodotus, datirt 377 n. Chr.

Tafel I (das Monogramm besonders, in Originalgrösse, aufgenommen).

```
DEVOTIONE · VIGENS ·
AVGVSTAS · PONTIVS · AEDIS · ☧
RESTITVIT · PRAETOR ·
LONGE · PRAESTANTIVS · ILLIS ·
QVAE · PRISCAE · STETERANT ·
TALIS · RESPVBLICA · QVERE ·
D·N·GRATIANO·AVG· IIII·ET·MER·COS·
PONTIVS · ASCLEPIODOTVS · V· P·P· D·
```

Das Original habe ich im Juli 1889 verglichen. Es ist im Vestibul des Rathhauses zu Sitten links von der Hausthüre neben andern römischen Inschriften eingemauert. Der Stein, Marmor, ist 0,47 m hoch und 0,77 m breit. Schöne Schrift. Höhe der Buchstaben 0,04—0,05 m. Zwischenraum zwischen den Zeilen 0,01—0,02 m.

Ueber die Herkunft des Originals ist nichts bekannt. Zuerst hat der Zürcher J. J. Scheuchzer, Itinera per Helvetiae alpinas regiones, Lugd. Bat. 1723 p. 489, die Inschrift publicirt, mit der ausdrücklichen Angabe: in curia sequens legitur inscriptio aliis non memorata, und mit der Bemerkung nach dem abgedruckten Text: de hac inscriptione sequentia ad me perscripsit ill. Cuperus lit. 12. Oct. 1709. Cuperus bezweifelt die Richtigkeit der Scheuchzer'schen Lesung, welche AVGVSTVS statt AVGVSTAS und IIIII·COS· statt IIII·COS· bietet, ohne dass er indess das Richtige mit Sicherheit trifft. — Wesentlich selbständig, doch, wie es scheint, für den ihm ungenügenden Schluss seiner eignen Lesung Scheuchzer consultirend, gibt die Inschrift ein Einsender des Mercure Suisse, Neufchatel 1746, I p. 308—311. Er hat sie „von einem sehr tüchtigen Antiquar", der sie vor etlichen Jahren im Wallis copirt habe und für das älteste und sicherste Denkmal des Christenthums in diesem Lande halte, weshalb er überrascht sei, dass Briguet in der kürzlich erschienenen Vallesia christiana (1744) nichts davon melde. Die beiden von Cuperus gestreiften falschen Lesarten sind berichtigt; die zutreffende Datirung auf das Jahr 377 wird gegeben, ein verständiger Commentar beigefügt und einer besseren Lesung der letzten Zeile gerufen. — Seither ist der Text oft, nach Scheuchzer oder sonst aus Büchern, auch nach dem Original, gegeben worden, doch lange ungenügend, so von Hagenbuch († 1763).

Helv. litt. T. IV. p. 514, in der Gallia christiana T. XII (1770) p. 731, bei De Rivaz, éclaircissements sur le martyre de la légion Thébéenne (1779) p. 116, Haller, Helv. unter den Römern I (1793/1811) p. 277. 314, Murith, médailles, inscriptions, statues et autres antiquités du Valais No. 39 (mscr. e. 1808, Druck in den Mémoires de la soc. roy. des antiquaires de France III., Paris 1821, p. 502—533, die Sittener Inschrift p. 526), Schiner, description du département du Simplon (1812) p. 340, Orelli, inscriptiones in Helv. adhuc repertas omnes collegit etc., Programm des Zürcher Carolinums (1826) Nr. 41, inscript. lat. ampl. coll. (1828) Nr. 250, inscript. Helvetiae (1844) Nr. 52, Osann, sylloge inscript. antiq. (1834) p. 561, Marini, Coll. Vatic. T. V. p. 345 und Amati, peregrinazione p. 440 (diese beiden citirt bei Le Blant), Boccard, hist. du Valais (1844) p. 400, Blavignac, histoire de l'architecture sacrée dans les évêchés de Sion, Lausanne et Genève (1853) p. 11. — Die zuverlässige Lesung gaben eine Zeichnung in der Grösse des Originals von Ferd. Keller (in Zürich), dann ebenfalls nach dem Original Mommsen (1854) Nr. 10, und seither Le Blant I (1856) Nr. 369 mit kleiner Abbildung planches Nr. 231. De Rossi, in dessen Abhandlung Les premiers monuments chrétiens de Genève, aus Bullet. di archeol. christ. V (1867) p. 23—28 übersetzt in MDG. fol. I (1870) p. 6 der Text gedruckt ist (hier nicht ganz genau), findet sich schon bei Mommsen consultirt. Gremaud hat die Inschrift als Nr. 2 der Walliser Urkundensammlung MDR. Tome XXIX (1875) eingefügt. Jetzt auch im Corpus inscr. latinarum XII (1888) 138, wie bei Mommsen. Clichés, nach Photographie, von Inschrift und Monogramm gibt E. Egli, Kirchengeschichte der Schweiz bis auf Karl den Grossen (1893) p. 8 und 9.

Schon die ersten Zeugen gedenken der metrischen Form und ihrer Mängel; Cuperus: carmen inconditum; Mercure: Quantitätsfehler in der zweiten Silbe des ersten Verses.

2. *augustae aedis*. Le Blant denkt an kirchliche Bauten. Seither erklärt De Rossi, augustae aedes sei der Name, mit dem der Prätor eine der respublica gewidmete Baute bezeichne. Ebenso F. Piper, der an eine Wiederherstellung des Prätoriums denkt, Art. Monogramm Christi in Herzogs Realencyclopädie X² (1882) p. 232. — Das Monogramm Christi ⚹ wird von Mommsen als gleichzeitig mit der übrigen Inschrift erklärt. Einen neulich geäusserten Zweifel halte ich nach eigener Anschauung für unbegründet, wie mir schon früher Herr R. Ritz schrieb (Brief d. 16. Dezember 1888): „Auf Ihren Wunsch habe ich die Inschrift genau besichtigt und gefunden, dass das Monogramm allerdings theilweise weniger tief ausgehauen ist; dasselbe ist aber auch der Fall bei den Haarstrichen mehrerer Buchstaben. Die breiten Züge oben und unten sind beim Monogramm ebenso tief eingeschnitten als in den übrigen Theilen der Inschrift". In öffentlichen Inschriften ist das Monogramm bisher nirgends so früh nachgewiesen. Piper a. a. O. nennt als zweitfrühestes Beispiel den Obelisken Theodosius des Grossen zu Constantinopel, wo es unter Sculpturen der Basis erscheint. Selbst auf kirchlichen Bauten kennt Le Blant kein älteres Beispiel als das einer Säuleninschrift zu St. Paul vor Rom, etwa vom Jahre 390; doch hält Piper zwei andere Beispiele für möglicherweise älter. Ueber das Monogramm im allgemeinen vgl. De Rossi, De christianis titulis Carthag., im Specill. Solesm. T. IV, ferner Piper a. a. O., für Gallien speziell Le Blant, préface p. XII, XIV, manuel p. 27—29. Dieselbe Form des Zeichens unten auf einem Genfer Stein.

3. *talis*. Auf aedis zu beziehen?

7. 8. Es ist zu lesen: *D(omino) n(ostro) Gratiano aug(usto) quartum et Mer(obaude) co(n)s(ulibus) Pontius Asclepiodotus v(ir) p(erfectissimus) p(raeses) d(e)d(icarit)*. — Das Datum entspricht dem Jahr 377 n. Chr. Bis jetzt kennt man nur zwei datirte christliche Inschriften aus Gallien, die älter sind,

Le Blant 62 vom Jahr 334, 596 (und NR 297) vom Jahr 347, jene aus Lyon, diese aus Valcabrère. — *Pontius Asclepiodotus* ist durch das Monogramm als Christ dargethan. Dass schon im 4. Jahrhundert die bürgerliche Gewalt der Provinz in christlicher Hand lag, wissen wir nur aus unserer Inschrift. Als Bischofssitz im Wallis wird von 381—549 Octodurum bezeugt, Sitten erst 585; vgl. m. Kirchengeschichte der Schweiz p. 8—11. 132. Den Namen Pontius führt zufällig auch ein Prior von Sitten in einer Urkunde vom Jahr 1107, Gremaud Nr. 115. Asclepiodotus ist häufiger römischer Beiname. Eine frühe christliche Inschrift aus Arles erwähnt einen M. Aur. Asclepiodotus, Le Blant NR. 172. Eine Decretio des Königs Childebert vom 29. Februar 596 unterzeichnet ein Asclipiodus (!); vielleicht ist er der in Gallien einflussreiche Patricius Asclipiodotus (!), an den Papst Gregor I. einige Briefe gerichtet hat, Boretius, Capitularia, Mon. Germ. leg. sect. V. 1 Nr. 14. — Der Titel *v(ir) p(erfectissimus)* auch in der Inschrift des Flavius Memorius, eines andern römischen Beamten christlicher Religion wohl vom 4. Jahrhundert, aus Arles, Le Blant 511. — *P(raeses)*, nämlich provinciae Alpium Grajarum et Poeniuarum.

Géronde bei Siders.

2. Aufschrift eines Diptychons des Consuls Rufius Achilius Sividius (Consul des Jahres 488).

RVTIVS
ACHILIVS
SIVIDIVS V̄C̄
ET INL EX PRAEF
VRBIS
PATRICIVS
ITERVM
PRAEF VRBIS
CONSVL ORDI
NARIVS

= *Rutius (lies Rufius) Achilius Sividius v(ir) c(larissimus) et inl(ustris) expraef(ectus) urbis patricius iterum praef(ectus) urbis consul ordinarius.*

Mit Rücksicht auf die Zeitstellung hier aufgenommen. Im Uebrigen wird auf Mommsen Nr. 342, verwiesen. — Nach einer gefälligen Mittheilung des Herrn R. Ritz, Maler in Sitten, ist das Diptychon im Wallis nicht mehr nachweisbar.

3. Goldring des Graifarius. (Tafel IV.)

† GRAIFARIVS · VTERE FELX

Das schweizerische Landesmuseum in Zürich hat neulich aus Géronde bei Siders diesen Ring von grossem antiquarischem Interesse erworben (leider fehlt ein Fundbericht).

Es ist ein Siegelring von Gold. Zu beiden Seiten der kreisrunden Ringscheibe sitzen kleine Kügelchen, wie sie — gewöhnlich je drei beisammen — für die merovingische Zeit charakteristisch sind. Auf der Siegelfläche ist eine Büste, nach links schauend, eingegraben, über dem Kopf ein Kreuz und ringsum die Legende, mit umgekehrt laufenden Buchstaben.

Der Zuruf *utere felix* oder *felex* kommt im Alterthum auf Gegenständen des täglichen Gebrauchs (vgl. unten Nr. 24) häufig vor; auf Ringen ist er meines Wissens sonst nicht nachgewiesen.

Edmond Le Blant hat in seiner Sammlung der christlichen Inschriften Galliens etwa 25 Ringe publicirt, die Mehrzahl in dem kürzlich erschienenen dritten Band, betitelt: Nouveau recueil des inscriptions chrétiennes de la Gaule antérieures au VIII° siècle, Paris 1892. Auf den meisten dieser Ringe liest man bloss einen Eigennamen, oder einen Eigennamen mit vorgesetztem Kreuz. Dreimal kommt zum Namen hinzu der bekannte Zuruf *vivas in Deo*, oder *vivat Deo*, Bd. I Nr. 29, III 50, 59, zweimal das ebenfalls häufige *ficit* (statt *fecit*, III 54 und 239, hier geschrieben *feet*). Gelegentlich sieht man in den ringsumlaufenden Namen eingezeichnet ein Monogramm, III 49 (vgl. II 678 A), einen Vogel, III 50, ein unerklärtes Zeichen, II 669 A. Einmal zeigt die Mitte Spuren eines roh gezeichneten Antlitzes, III 55, einmal auch eine Büste, III 20 A.

Der letztere Ring steht dem Walliser am nächsten, ist aber von weit geringerer Arbeit. Er stammt aus der Gegend von Craon nördlich von Angers. Um die Büste, die nach rechts schaut, läuft, in umgekehrter Schrift, der Name *Antoninos* (statt *Antoninus*), aber ohne Kreuz. Le Blant bemerkt, die Büste erinnere an die Figuren auf merovingischen Trientes (Münzen), und Deloche fügt bei, man gewahre hinter dem Nacken ein Anhängsel, ähnlich dem, das auf Münzen derselben Zeit das Ende des königlichen Kopfbandes (bandeau royal) darstelle.

Dieses Diadem zeigt unser Walliser Ring sehr schön. Namentlich beachte man die mehrfachen Enden über dem langen Haar. Ueberhaupt ist die ganze Arbeit, wie die Schrift, verhältnissmässig gut, eher dem V. bis VI. als dem VII. Jahrhundert zuzuweisen.

Einige Gelehrte, welche den Ring kennen, haben *Graifarius* als Eigennamen betrachtet und etwa an longobardische Herkunft denken wollen.

Der Name ist sonst nicht nachweisbar. Es ist schwer, etwas Sicheres zu ermitteln. Doch mache ich zur Form unmassgeblich auf das französische *greffier* aufmerksam. Du Cange gibt an: grafare = scribere, pingere, a græco γράφειν; grafarius, graffarius, grafferius = scriba, notarius, Gallis greffier.

L. Lindenschmidt, Handbuch für deutsche Alterthumskunde I (1880), handelt pag. 403 von den Siegelringen der merovingischen Zeit, und auf pag. 326 bemerkt er wie Deloche, der Kranz oder die Kopfbinde sei das Abzeichen edlen Geschlechts und königlicher Würde.

Aus Géronde stammt auch die vorige Nummer. — Das nahe Siders hat zwei römische Inschriften, Mommsen Nr. 6 und Nachtrag Nr. 4.

* * *

Obigen Bericht, erschienen im Anzeiger f. Schweiz. Alterthumskunde 1893 pag. 273 f., sandte ich an Herrn Ed. Le Blant in Paris und erhielt von ihm die Mittheilung, dass der Zuruf in abgekürzter Form wenigstens einmal ähnlich vorkomme: un sceau de bronze en forme de pied que j'ai vu au musée de Naples porte VT · FEL. (Brief dat. 30. August 1893).

Saint-Maurice.

4. Grabschrift des Hymnemodus, ersten Abts von Agaunum, datirt 516 n. Chr.

Relictor saeculi, presbyter sanctus[1]), Hymnemodus abba[2]), sanctorum exempla secutus laudabili vita[3]) ad laudem omnes invitans Dei auxilio exemploque suo vota canentium[4]) iuvans, LX . post vitae annum corpore requiescit Agauno[5]), meritoque sanctis in caelesti regno coniunctus est[6]). Obiit tertio Nonas Januarias, consule Petro[7]).

Original nicht erhalten.

Handschriftlich, doch nicht in der ursprünglich wohl metrischen Gestalt (vgl. Nr. 5, 6, 7), überliefert in der Vita sanctorum abbatum Agaunensium c. 11, Ausgabe von Wilhelm Arndt, Kleine Denkmäler aus der Merovingerzeit (1874) p. 20, 21.

[1]) *sanctus*, von Prälaten auch sonst inschriftlich, so gleich unten Nr. 7 *mitis sanctusque sacerdos*; vgl. Nr. 6 *sanctus moribus*. Bischof Abundantius von Como unterzeichnet auf einer Synode des Jahres 452: *pro me ac pro absente sancto fratre meo Asimone episcopo ecclesiae Curiensis prime Rhetiae*. Vgl. ferner die Formel *sanctae memoriae* in der Churer Jnschrift Nr. 37.

[2]) Ueber Abt *Hymnemodus*, aus dem Kloster Grennencense nach Agaunum gekommen, handelt die Vita ss. abb. Agaun. c. 1—7. Nach Wackernagel, burgund. Sprache, im Anhang zu Bindings burgund. Geschichte, wäre der Name = burgundisch Ememundi, vorn wohl kirchlich umgemodelt und hinten romanisch entstellt, p. 386. Grennencense wird mit Wahrscheinlichkeit auf Grigny bei Vienne bezogen, Arndt p. 4. Es ist wohl dasselbe Kloster, das Erzbischof Avitus von Vienne in einem Brief an Bischof Maximus (epist. Nr. LXXIV nach der Zählung in Monum. Germ., früher Nr. 65) erwähnt: *nam monasteriis Grinescensibus occupatus aliquamdiu iam habitaculo civitatis absento*. *Abba*, statt abbas, oft vorkommend, so gleich unten Nr. 6 im Text und im Akrostichon. Vgl. auch Le Blant zu Nr. 471.

[3]) Aehnlich Nr. 6 *vitae exemplum nobile*, und Nr. 7 *Domini praecepta secutus*.

[4]) *Canentium*, wird sich auf die Mönche von Agaunum beziehen, denen nach Vita c. 7 die psallendi vel subsistendi regula übergeben worden war.

[5]) Ganz dasselbe Formular, *corpore requiescit Agauno* mit Altersangabe und Todesdatum, auch unten Nr. 7. Noch in der karolingischen Zeit findet man dieselbe Wendung.

[6]) Aehnliche Wendungen Nr. 5 *sic pater omnipotens . . . . martyribus voluit consociare suis*, kürzer Nr. 6 *ad caelum mittens spiritum*. Vgl. auch die knappe Formel bei Le Blant Nr. 58 aus Lyon *Procula . . . a terra ad martyres*, d. h. in den Himmel, und eine bildliche Darstellung von Tod und ewigem Leben in Pipers Evang. Kalender 1855 p. 58—65.

[7]) d. h. am 3. Januar 516, somit nur ein Vierteljahr nach der Einweihung des von König Sigismund neugebauten Klosters, die am Jahrestage der thebaischen Märtyrer im vorangehenden Jahre, 22. September 515, stattgefunden hatte, vgl. Aviti opera, ed. Peiper, Mon. Germ. hist. auct. antiquiss. T. VI. 2 (1883) hom. XXV p. 145, 146, und Chronik des Marius, Ausgabe von W. Arndt, Bisch. M. von Aventicum (1875) p. 31. Das Jahr des Consuls 516 übereinstimmend so in allen Listen und Inschriften, vgl. Arndt, a. a. O. p. 79, die Consulreihe im Anhang untersucht.

5. Grabschrift des Ambrosius, zweiten Abts von Agaunum.

AMBROSIVS GESTIS CVI CAELI REGNA PATESCVNT
HVIC QVOQVE PROMERVIT MEMBRA DONARE SOLO
PROTEGIT HVNC TELLVS SANCTORVM SANGVINE POLLENS
QVEM CAELI MERITIS CLARIOR AXIS HABET
5 SIC PATER OMNIPOTENS QVOS MVNDVM TEMNERE CERNIT
MARTYRIBVS VOLVIT CONSOCIARE SVIS
ET LICET HOC TEMPLVM FVLGENTI LVCE CORVSCET
HIC QVOQVE SVBLIMAT CORPORE TEMPLA SVO
QVEM TEMPLVM SERVASSE FIDEI VITAMQVE FVTVRAM
10 PERPETVASSE BONIS GLORIA CELSA DOCET
NAM MERVIT PRIMAM ABBATIS NOMINE PALMAM
CVM SANCTIS FRATRVM COEPIT AMICA FIDES
AVCTORIS NOSTRI LAVDEM SINE FINE CANENDAM
PSALLERE SVCCIDVO PERPETVOQVE CHORO
15 HVNC SI MARTYRII VIDISSENT TEMPORA IVSTVM
POST PRIMVM VICTOR ISTE SECVNDVS ERAT

Original nicht erhalten.
Ueberliefert in Vita sanctorum abbatum Agaunensium c. 12, a. a. O. p. 21.

1. Ueber Abt *Ambrosius*, der, bevor er nach Agaunum kam, Abt auf der Insel Barbara bei Lyon war, handelt die angeführte Vita c. 4—8.

2. *huic—solo*. Aus diesem Verse erhellt die Bestimmung des Gedichts als Epitaph. Aehnliche Wendungen kommen oft vor, so gleich Nr. 6: *membra hic liquit fratribus*, und unten in der Grabschrift des Marius Nr. 21: *hoc ergo Marii tumulantur membra sepulcro*. Vgl. nachher Zeile 7.

3. Vgl. vita c. 3: locus.... quem.... Thebäi martyres.... effusione sanguinis inclyti.... ornaverunt. Dazu noch unten Zeile 15, 16.

5. Die Ascese wird auch Nr. 6, Vers 13, 14 hervorgehoben.

6. S. oben Nr. 4, Anm. 6.

7. 8. Das Grab des Abtes ist danach als in der Kirche *(templum)* zu Agaunum befindlich zu denken, der es zum besondern Schmucke gereicht. *Hoc templum fulgenti luce coruscet*: über die Pracht in Kirchen der merovingischen Zeit, besonders der Wallfahrtskirche des h. Martin zu Tours, die Marmorsäulen, Glasfenster und den Schmuck der Inschriften und Malereien, vgl. Le Blant, préface p. CVI. Der Lichtschimmer erinnert an die Verse des Sidonius Apollinaris für eine Lyoner Kirche, mit bemerkenswerther Beschreibung der farbigen Scheiben: *ac sub versicoloribus figuris | vernans herbida crusta sapphiratos | flectit per prasinum vitrum lapillos*, Le Blant Nr. 54. Die Wendung *luce coruscet* auch sonst in ähnlichen Inschriften beliebt, Le Blant Nr. 217 *inclyta nobilitas genitali luce coruscans*; vgl. auch Nr. 426 ebenda.

13. 14. Der immerwährende Psalmengesang, aus dem Morgenland eingeführt, gehört zur Stiftung von Agaunum, vgl. die vita c. 7: psallendi vel subsistendi regula instituta sancto Hymnemodo a coetu episcoporum, qui illic ad constituendum monasterium venerant, traditur. Da aber Hymnemodus, der erste Abt, schon kurz nachher starb (vgl. seine Grabschrift, Nr. 4), konnte er wohl vor seinem Nachfolger zurücktreten; mit Ambrosius brach Agaunums Blüthezeit an. Mit Gregor von Tours die Kloster-

stiftung und die Einführung der Psalmodie zu trennen — er verlegt letztere auf das Jahr 522 — dazu zwingt unsere Inschrift nicht. Vgl. hierüber noch Gremaud, origines et documents de l'abbaye de Saint-Maurice d'Agaune, Mémorial de Fribourg Tome IV (1857) p. 321 ff. 336 ff., und m. Kirchengesch. d. Schweiz (1893) p. 38, Note 2. Die Stelle: *sine fine canendam* erinnert an beliebte Wendungen, besonders Fortunats, Le Blant Nr. 31 *nunc sine fine dies*, Nr. 196 *vir sine fine Deo*, Nr. 212 *animus sine fine benignus*, und ähnliche. *Auctoris nostri*, unseres Schöpfers und Lebensspenders, dem das ewige Lob gilt. Der Ausdruck gehört zum epigraphischen Styl an der Rhone. Schön heisst es von dem Diacon Emilius aus Andance in der Viennensis: *mortem perdidit, vitam invenit, quia auctorem vitae solum dilexit*, NR. 130. Auctor im Sinne von Christus als dem Richter, der kommen und den Tag der Auferstehung für die Todten bringen wird, Le Blant Nr. 398. *Sanctis* ist mit *amica fides* zu verbinden. Der Glaube der Brüder ist den Heiligen befreundet, wie der selig Verstorbene mit ihnen im Himmel verbunden ist, *sanctis conjunctus* Nr. 4 oben. Dieser den Heiligen befreundete Glaube ist es, der das immerwährende Lob Gottes angehoben hat.

15. 16. *primus (Victor)*. In der Thebäerlegende c. VI., bei Ruinart acta martyrum p. 274 ff., erscheint ein Victor martyr, nicht Soldat der Legion, sondern ein einzelner, erst nach dem grossen Martyrium zufällig hinzugekommener emeritae jam militiae veteranus, der wegen der Weigerung getödtet wird, an der Mahlzeit der Christenverfolger theilzunehmen. Dass gerade dieser Seitengänger der eigentlichen, thebäischen Märtyrer in dem Epitaph des Ambrosius hervorgehoben wird, erscheint bemerkenswerth; immerhin kennt dasselbe offenbar die Legende von der Legion auch schon, vgl. Zeile 3. Der Dichter scheint auf die Bedeutung des Namens Victor anzuspielen, den man geradezu in der Bedeutung Märtyrer brauchte; vgl. die Ueberschrift eines syrischen Martyrologiums von Anfang des 5. Jahrhunderts: die Namen unserer Herren der Bekenner und Sieger u. s. w., Ausgabe mit Bemerkungen in meinen Altchristlichen Studien (1887) p. 5. Eine Inschrift wohl vom Jahr 521, welche möglicherweise bereits den Jahrestag der Agaunensischen Märtyrer erwähnt, aus Bellegarde unweit Baucaire an der untern Rhone, bei Le Blant NR. 301 und schon in meiner Kirchengesch. d. Schweiz p. 21 unten.

6. Grabschrift des Achivus, dritten Abts von Agaunum.

AMORE CHRISTI FERVIDVS
CASTVSQVE SANCTVS MORIBVS
HEROS ACHIVVS PRAEMII
IVRE AETERNI CANITVR
5 VITAE EXEMPLVM NOBILE
VIR DEO PLENVS PROFERENS
SVMMAM PERFECTI MVNERIS
ABBA ELECTVS DOCVIT
BENIGNA QVIES NVNC VERVM
10 BEATAE LVCI TRANSTVLIT
AD CAELVM MITTENS SPIRITVM
MEMBRA HIC LIQVIT FRATRIBVS
ARTAVIT CORPVS CRVCIBVS
MENTE LEVAVIT PONDERE
15 SEMPER QVEM BLANDA GAVDIO
PROBO CONIVNXIT CARITAS

Original nicht erhalten.

Ueberliefert in Vita sanctorum abbatum Agaunensium c. 13, a. a. O. p. 21. — E. Egli, Eine Grabschrift aus Agaunum, im Anzeiger f. schweiz. Alterthumskunde 1890 p. 315 f.

1—11. Der Herausgeber druckt dieses Stück in Prosa. Es sind aber die metrischen Verse eines Epitaphs, gerade sechszehn wie in Nr. 5. Ich mache besonders auf das *Akrostichon* ACHIVVS ABBA aufmerksam. Inschriften mit Akrostichon, alle aus dem 6. Jahrhundert, weist Le Blant mehrere auf: Nr. 405 mit Akrostichon DOMNINVS, auch in Aviti opera, Mon. Germ. hist. script. antiquiss. Tom. VI, 2 p. 186 (vgl. p. 193 ein Epitaph mit Akro- und Opistostichon zugleich); ferner Nr. 477[A] mit Akrostichon ALETHIVS, auf welches die zwei letzten Verse ausdrücklich aufmerksam machen: . . . . *qui fuerit simul et quo nomine dictus | versibus in primis ordine prodit apex*, wobei, wie beim Epitaph von Agaunum, die letzten Verse nicht mehr zum Akrostichon gehören; weiter Nr. 512 mit Akrostichon FLORENTINVS ABBAS; ferner Nr. 630 mit nur theilweise erhaltenem Akrostichon . . . .ENA, dem ebenfalls drei nicht zugehörige Verse folgen, und auf welches die Inschrift selbst durch die Worte hinweist: *nomen dulce lector si forte defunctae requires | a capite per litteras deorsum (per?)legendo cognoscis*; endlich die berühmte Inschrift von Autun Nr. 4 mit dem Akrostichon ἰχϑυς bei den ersten fünf Versen, denen sechs nicht-akrostichische folgen. Ueber die Beziehungen des Avitus zu Agaunum vgl. oben Nr. 4, womit wir indess nicht sagen wollen, er habe die dortige Grabschrift gedichtet; er starb wohl früher als der dritte Abt.

2. S. oben Nr. 4, Anm. 1. *Castus*, in einer andern Abtinschrift, Le Blant Nr. 471.

3. *heros*. Die Märtyrer, und die Heiligen überhaupt, sind in der katholischen Kirche zu vermittelnden Wesen geworden, die neben Christus zum Heil der Menschheit zwischen Gott und den Menschen standen, entsprechend den heidnischen Göttern, Dämonen und Heroen. Parallelen zwischen Märtyrern und Heroen ziehen die Kirchenväter da und dort, so Theodoret. Zur Orientirnng sei auf Baur, Gesch. der christl. Kirche Bd. II p. 271 ff. verwiesen. Ueber antike Reminiscenzen der Christen vgl. Piper, Mythologie der christl. Kunst I[4] p. 159, 194. — Ueber *Achivus* handelt die vita ss. abb. Agaun. c. 1—9.

10. Ueber *lux, lumen* in Bibel und Inschriften vgl. die Ausführungen Le Blants zu Nr. 4 seiner Sammlung.

11. *ad caelum*, s. oben Nr. 4, Anm. 6.

12. Vgl. Nr. 5, Anm. 2. Aus diesem Verse erhellt die Bestimmung des Gedichts als Grabschrift.

13. 14. Die Ascese und ihr Lohn ist auch in Nr. 5 hervorgehoben, Zeile 5.

16. *Probus*, der Freund des Achivus, nach der vita abb. Ag. c. 5 einst Presbyter zu Grenoble. Wie Achivus und Hymnemodus aus dem Kloster Grennencense (s. oben Nr. 4 Anm. 2), so war Probus von Grenoble nach Agaunum gekommen. Weiteres, über die Versus de vita s. Probi und über einen *alumnus* desselben, Benedictus, wie Arndt vermuthet zugleich Verfasser der vita abb. Agaun., vgl. in Arndts Ausgabe der letztern p. 2 ff.

7. Grabschrift des Tranquillus, vierten Abts von Agaunum.

Denique mansuetudini eius Tranquillum[1]) successorem cum Probi solatio electio divina providit, qui mundi laqueos vicit labente palestra, qui pectore sincero semper meruit cernere Christum ut monachus. Tran-

quillus iste mitis sanctusque sacerdos, cui claruit benigna fides moribus
de nomine vita, cum meritis animam sidera clara tenent, dum fragilis
saeculi tumidos evitat honores, vanaque despiciens, domini praecepta
secutus, ieiuniis precibusque psalmis permansit honestus, et insuper
leprosis²) pius addidit servire minister; humilis ut altam possit viam
mercari salutis, cum meritis redditur aeterni regis merces promissa
laborum, praemiaque patent iustis retribuente Deo, quod iudex caeli
rector librato pondere pensat. Ibi iam probatus gaudet suscepta
munera Christi, honoribus ditatus summis possidet caelestia dona, et
cum vitali redeunt animae cum corpore necti, quandoque caro recipit
surgens post funera vitam, sic iterum ut nova rursus utantur sanguine
membra³), tunc rutilo decore terris regressus lumine fulgit. LXXXVI.
post vitae annum corpore requiescit⁴) Agauno. Obiit pridie Jdus
Decembris.

Original nicht erhalten.
Ueberliefert in Vita sanctorum abbatum Agaunensium c. 10, a. a. O. p. 20. Wie in
Nr. 4 ist die ursprüngliche Gestalt verändert; die Hexameter klingen aber noch überall durch.

¹) Die vita c. 1 nimmt nur die Lebensbeschreibung der drei ersten Aebte in Aussicht: vitam
sanctorum abbatum Hymnemodi, Ambrosii et Achivi ... huic paginae credidi inserendum. Man würde
sonach mit c. 9 (Achivus) den Abschluss erwarten. Wenn mit *Tranquillus* c. 10 noch ein vierter Abt
hinzukommt, so liegt die Annahme nahe, ein Fortsetzer habe hier seine Hand angelegt, indem er auf
Grund der Grabschrift dieses Leben zeichnen wollte, aber nur zu einer verunstalteten Wiedergabe dieser
Quelle kam. Dann wird er gleich die Grabschriften der drei Vorgänger noch angereiht haben, die des
ersten Abtes Hymnemodus c. 11 ebenfalls noch prosaisirend (vgl. oben Nr. 4), die des zweiten und
dritten, Ambrosius und Achivus c. 12 und 13, dann in der ursprünglichen Gestalt (vgl. oben Nr. 5 und 6).

²) *leprosis*. Unter den Ruhmestiteln, die ähnlich vielfach, zum Theil auch in den obigen Epitaphien, wiederkehren, ist die Sorge für die Aussätzigen am bemerkenswerthesten. In der Zeit schwerer
Heimsuchungen, wie sie die Niederlassung der Barbaren in Gallien mit sich brachte, hatte die Kirche
manigfach geschlagene Wunden zu heilen, vgl. unten die Epitaphien der Bischöfe Marius und Valentian
Nr. 21 und 37. Die Pflege von Aussätzigen rühmt Fortunat auch in dem Epitaph des mit Tranquillus
ungefähr gleichzeitigen Bischofs Leontius II. von Bordeaux: *qui leprae maculas medicata per oscula
purgans — pacis ab amplexu morbida bella tulit*, Le Blant Nr. 587.

³) *caro — vitam — membra*. Le Blant weist nach, dass die Hoffnung der Auferstehung für das
Formular der christlichen Inschriften aus dem Rhonebecken geradezu charakteristisch ist, und erinnert
an Irenäus, der die leibliche Auferstehung gegenüber der bloss geistigen der Gnosis vertheidigt hat, zu
Nr. 467. Unsere Inschrift aus Agannum bringt jene katholisch gewordene sinnliche Hoffnung zu
besonders starkem Ausdruck.

⁴) *corpore requiescit*. Der Abschluss, mit Angabe von Alter und Todestag, ebenso oben Nr. 4.

8. Weiheinschrift eines dem h. Mauricius gestifteten Reliquiars.

```
         TE
        VDERI
       CVSPRCS
      BITER·INHO
     NVRES·CIMAV
    RICIIfICRI
   IVSSIT·AMEN
   NORDOALAVS
   CTRIHL·INDIS
   ORDENARVNT
   fABRICARE
    VN·DIHO
    CTCLLO
     fICCR
      VNT
```

= *Teudericus presbiter in honore s(an)c(t)i Mauricii fieri jussit, Amen. Nordoalaus et Rihlindis ordenarunt fabricare, Undiho et Ello fecerunt.*

Das Original im Schatz der Abtei S. Maurice.

F. de Lasteyrie, in den Mémoires de la société des Antiquaires de France, Tome XXVI (1859) p. 76. — Ch. de Linas, orfévrerie mérovingienne (1864) p. 104 f. — Le Blant Nr. 684, mit Abbildung pl. Nr. 542 (danach unser Text). — Aubert, le trésor de l'abbaye de S. Maurice (1872) p. 142, pl. XIV (in Farben).

Ein werthvolles Stück merovingischer Kunstfertigkeit, etwa des 7. Jahrhunderts.

Teudericus, eigentlich Diotrich, besonders bei Franken und Gothen üblicher Name. — Zu *Nordoalaus* vgl. die Namensform Nordolo zum Jahr 914 im Zürcher Urkundenbuch Nr. 185. Man möchte eher an Nordoaldus denken (Dr. R. Schoch).

Genf.

9. Aufschrift eines silbernen Discus des Kaisers Valentinian. (Tafel I.)

LARGITAS D·N·VALENTINIANI AVGVSTI

= *Largitas d(omini) n(ostri) Valentiniani augusti.*

Das Original, eine kreisrunde Silberplatte (bouclier votif, disque, cycle) von 10 Zoll Durchmesser und über 34 Unzen schwer, im Museum von Genf, früher in der Bibliothek.

Herrn J. Mayor, Sohn, Conservator des Musée Fol in Genf, verdanke ich die gütige Mittheilung folgender Fundberichte: 1. Extrait du Registre des Conseils de Genève. Du 24 Juin 1721. Monsieur le sindic Sartoris a dit qu'ayant été chargé d'entendre les ouvriers qui ont trouvé une pièce antique que les Maitres jurés orfèvres rapporterent hier en Conseil, laquelle est une plaque ronde et d'environ un pied de diamètre représentant des hommes portant des boucliers etc., dont l'inscription est: Largitate D. N. Valentiniani Augusti, de la pesanteur d'env. 34 onces, il a appris qu'elle a été trouvée par des ouvriers habitants et soldats en travaillant à amasser des pierres près de l'Arve, sur Savoye, il y a déjà quelques mois, sur quoy il a esté dit que les Seigneurs de la Chambre des Comptes, en fassent payer la valleur de l'argent aux dits ouvriers et qu'elle sera donnée à la Bibliothèque, ou l'on fera un petit verbal du temps qu'elle a été trouvée, du lieu et de ce qu'elle représente. — 2. Extrait du Registre de la Chambre des Comptes de Genève. Du 13 Août 1721. Cet antique s'estant trouvée dans un champ près de la rivière d'Arve, il y auroit eu difficulté entre les ouvriers qui l'ont trouvée et le Sr. Mussard auquel appartient le champs, pour en avoir la propriété, et les parties ayant comparu, la Chambre a prononcé que la ditte antique apartenoit au pré, que cependant par bonté elle vouloit bien diviser la valeur de l'antique en trois portion: Une portion pour les ouvriers qu'elle regloit à 3 louis d'or, une autre pour le Sr. Mussard évalué de mesure et l'autre portion pour la Seigneurie; la ditte antique a esté déposée à la Bibliothèque, sa figure est ronde, de la grandeur de 8 à 10 pouces de diamètre, Valentinien entouré de ses officiers armés, est en relief tenant une bannière avec ces mots au dessus: ex largitate d. Valentiniani Augusti.

 Firmin Abauzit (Bibliothekar von Genf), bei Montfaucon, Antiquitée expliquée, Supplément Tome IV p. 51, Paris 1724, mit Abbildung; auch in Abauzit's Werken II, p. 63, Amsterdam 1773. — Einen Auszug dieser Abhandlung, mit einigen Zusätzen, gab Léonard Baulacre (Bibliothekar von Genf) im Journal Hélvétique, Juillet 1743, abgedruckt mit Abbildung (ungenau) in Drittelsgrösse in den Oeuvres historiques et littéraires de L. Baulacre, ed. Edouard Mallet, Tome I p. 149—160, Genève 1857. — J. R. Sinner, voyage hist. et litt. dans la Suisse occid., Tome II p. 79, Neuchâtel 1781. — Orelli 232 (86). — Blavignac, hist. de l'architecture sacrée des évêchés de Genève etc. (1853) p. 47 f. Note 52, mit Abbildung der Mittelfigur im Atlas pl. *II bis, Fig. 1. — Mommsen (1854) Nr. 343$_1$. — Gelpke 1 (1856) p. 60 f. — Ch. Morel, Genève et la colonie de Vienne, MDG. XX, 3 (1888) p. 563 unten und Note 2. — Corp. inscr. Lat. XII (1888) Nr. 5697$_5$.

 Der Schild zeigt Figuren, über denen, dem Rande parallel, die Inschrift läuft (sie ist leider auf unserer kleinen Abbildung von Auge wenig erkennbar). Die Mittelfigur stellt einen Krieger mit links angehängtem Schwerte vor, etwas erhöht stehend, um das Haupt den monogrammatischen Nimbus mit α und ω, in der Linken das Labarum, in der Rechten eine Kugel mit Victoria. Rechts und links von ihm je drei mit Schild, Speer und Helm bewaffnete Soldaten. Vorn am Boden zerstreut Schild, Schwert und Helm. Die Scene stellt den Kaiser dar, der an das ihn umgebende Heer auf der Wahlstatt eine Ansprache hält. Die Schriftsteller gedenken solcher Scenen wiederholt, schon Hirtius bell. Afric. c. 10: postero die divina re facta concione advocata milites collandat totumque exercitum veteranorum donavit praemiis ac fortissimo cuique et bene merenti pro suggesto tribuit. Der Schild wird also an eine Schenkung erinnern, die einer der drei Valentiniane gelegentlich eines Sieges dem Heere gemacht hat. Abauzit denkt an Valentinian II (375—392). — Diese Erklärung, welche schon die ersten Publicationen geben, hat Morel mit Recht festgehalten gegenüber der Phantasie von Blavignac und Gelpke, die den Schild auf die Thebäer von Agaunum beziehen wollen, vgl. m. Kirchengeschichte der Schweiz etc. (1893) p. 7. Das Christusmonogramm, auf der kleinen Abbildung in Baulacre's Werken fehlend, hat Blavignac richtig gegeben; das Original zeigt dasselbe deutlich.

10. Stein-Fragment mit dem Monogramm Christi.

Das Original, gefunden 1840 im Stadtviertel Bonrg-de-Four (Forum vetus), ist nicht mehr nachweisbar (so wurde mir im Juli 1889 im Genfer Museum versichert).

Blavignac, in MDG. V (1847) pl. 11, Abbildung in Sechstelsgrösse, und in seiner hist. de l'architecture sacrée des évêchés de Genève etc. (1853) p. 12 und pl. I Fig. 3. — Mommsen (1854) Nr. 111 (ohne das A vor dem Monogramm). — Le Blant Nr. 370 und pl. Fig. 255. — C. J. L. XII (1888) Nr. 2649 nach Mommsen.

Das *Monogramm* von gleicher Gestalt wie oben Nr. 1. In der zu letzterer Nummer angeführten Schrift ist seither De Rossi auf das Fragment eingegangen. Er ist geneigt, den Stein mit den Neubauten zu Anfang des 6. Jahrhunderts (vgl. folg. Nummer) in Beziehung zu bringen und wegen der ansehnlichen Schrift an ein öffentliches Monument zu denken.

Unsere Abbildung nach Blavignac.

11. Bau-Inschrift des Burgunder Königs Gundobad (um 500). (Tafel 11.)

*Gund*OBADVS REX CLEMENTI*ssimus*
EMOLVMENTO PROPRIO
SPATIO MVLT*ipL*ICAT*o*

Das Original seit dem Jahr 1840 im Museum von Genf, früher „sur la porte de Bourg-de-Four" (Spon), „naguère enchassée, à une quinzaine de pieds de hauteur, dans la face extérieure de l'arcade de Bourg-de-Four" (Mallet). Zwei Kalksteinfragmente von 3′ + 21″ und 3′ 2″ + 22″. Schöne Schrift, Buchstaben 4—4½″ hoch; Zwischenräume zwischen den Zeilen c. 1¼″.

J. Spon, histoire de Genève 1680 Nr. 1. — Ed. Mallet, l'inscription de Gondebaud à Genève, MDG. IV (1845) p. 305—310, mit Abbildung pl. 11. — Eine Abbildung auch bei Blavignac, histoire de l'architecture etc. (1853) pl. XLI fig. 1. — Fazy, catal. du musée cantonal d'archéologie de Genève (1863) Nr. 31. — Binding, Geschichte des burgund.-romanischen Königreichs (1868) p. 157 f. — C. J. L. XII (1888) Nr. 2643.

Eine Erklärung liegt vor in der Notitia Galliarum, Ausgabe von Mommsen, Monum. Germ. Auctores antiquiss. IX (1892) p. 600. Hier wird für die provincia Viennensis an zweiter Stelle aufgeführt civitas Genavensium und findet sich der Zusatz: quae nunc Geneva a Gundebado rege Burgundionum *restaurata*. Mallet bezieht die Erweiterung des Raumes auf die Festungswerke, in welche auch die grosse Inschrift eingelassen wurde. Aehnlich Binding, mit dem Bemerken, die Inschrift sei als von der dankbaren Stadt

Genf gesetzt zu denken, weil *clementissimus* nicht das regelmässige Beiwort zu rex sei, und weil die Vergrösserung auf des Königs eigne Kosten, *emolumento proprio*, betont werde. — In den Vertiefungen der Buchstaben hat Mallet noch Spuren von *Minium* beobachtet, wie es im Alterthum zum Hervorheben der Schrift gebraucht wurde, vgl. die von ihm citirte Stelle bei Plinius, natur. hist. XXXIII c. 7 am Schluss: minium in voluminibus quoque scriptura usurpatur, clarioresque litteras, vel in auro, vel in marmore, etiam in sepulchris, facit.

Die Inschrift, welcher, soweit sie erhalten ist, christlicher Charakter weiter nicht eignet, gehört dem christlichen Genf an; die Stadt ist seit 450 als Bischofssitz nachweisbar. Hier reihen wir sie ein mit Rücksicht auf die im gleichen Stadtviertel gefundene vorige Nummer. — Ueber das Thor, an dem man die Inschrift las, vgl. Rahn, Kunstgesch. d. Schweiz p. 60.

12. Grabschrift der Adelfina (?), datirt vom Jahr 505 (?). (Tafel II.)

HIC REQVie*scit*
IN PAc*e bonae*
MEMOR*iae*
aD*e*LFI*na? quae?*
VIXIT an*Nos*
XXXIII TR*ansit*
ad QVARTV*m Kal?*
APRILE*s indicti*
ONE XII Po*st* . . . .
. . . . . TEI*?*

Das Original, Kalksteinplatte, wurde gefunden 1869 bei den Ausgrabungen in der Kirche St. Peter und wird aufbewahrt im Archäologischen Museum. Als Tritt einer Treppe abgenutzt, soweit die Schrift nicht vom folgenden Tritt gedeckt war.

Gosse, inscriptions découvertes à Genève, im Anzeiger für schweiz. Alterth. 1873 p. 451 ff. — C. J. L. XII (1888), Nr. 2644. — Le Blant NR (1892), Nr. 95. — (Dr. Gosse), St. Pierre (1893) p. 48 f., mit Abbildung.

Das Formular ist das gewöhnliche. Die Eingangsformel kommt wiederholt so in Genf vor, vgl. Nr. 13—16, und ist in Gallien seit 488 nachweisbar, Le Blant, préface p. IX, manuel p. 23. *Transit* ist in Gallien üblich von 466—695, ebenda p. X, resp. p. 24. — Zum Namen *Adelfina* (?) mag *Adelfius* auf südfranzösischen Inschriften, Le Blant Nr. 15 und 591, und *Adelfia* auf einer solchen aus Trier, NR. Nr. 343, verglichen werden. — Die schwierigen zwei Schlusszeilen bezieht Le Blant mit C. J. L. auf den Consul Flavius Cethegus (Cetheus, Cytheus, Citheus) des Jahres 504, dessen Postconsulat uns auf das Jahr 505 führt; dieses entspricht, für die Kalenden des April, der 14. Indiction. Mit diesem Consulnamen lassen sich die lesbar gebliebenen Buchstaben der letzten Zeile in Einklang bringen, was bei keinem andern der Epoche möglich ist. Die Indiction wird in gallischen Inschriften vor 491 nicht erwähnt. Die Zahl (XII) kann, da der Stein an der Stelle schadhaft ist, allenfalls XIII (kaum XIIII) gewesen sein. Am Anfang der letzten Zeile wäre Fl(avius) zu ergänzen. Vom gleichen Consul ist Nr. 78 aus Lyon datirt.

Etwas mehr Buchstaben, als oben gegeben sind, glaubt C. J. L. auf dem Stein zu erkennen.

13. Grabschrift des Aegioldus praepositus et presbyter.

    HIC REQVIESCIT
    IN PACE BONE ME
    MORIE AEGIOLDVS
    PREPOSITVS ET PRES
    BITER QVI OBIIT
    X .. kal. OCTIMBRIS
    QVI REQVIESCAT
    IN PACE AMEN

  Das Original soll vom Kirchhof St. Victor zu Genf stammen; es ist nicht erhalten.
  Der Text überliefert bei Spon, histoire de Genève éd. 1730, Tome IV p. 150. — Le Blant Nr. 371.
  Die Eingangsformel ist die in den Genfer Grabschriften übliche. Sie ist am Schluss als Wunsch wiederholt. Das beigefügte *Amen* ist in alten Epitaphien nicht häufig. Die Beispiele aus Le Blant sind Nr. 512 zum Jahre 553, wo das Akrostichon eines Gedichtes lautet: *Florentius abbas hic in pace quiescit, amen;* ferner Nr. 621ᵇ vom Ende des 7. Jahrhunderts mit der Wunschformel: *ribat cu(m) XPO in eternu(m), ame(n);* vielleicht auch NR, Nr. 76: *qui vixit in pace, a(men?).* Weiter kann eine jüngere Grabschrift aus Baulmes im Canton Waadt, unten Nr. 43, angeführt werden mit dem Schluss: *cuius anima requiem possedeat aeternam, amen.* In einer Weiheinschrift kommt Amen zu S. Maurice vor, vgl. Nr. 8. — *Obiit* ist für das Sterben in christlichen Inschriften Galliens der gewöhnlichste Ausdruck, Le Blant, préface p. X, manuel p. 24. Eine andere Genfer Grabschrift hat transiit, vgl. vor. Nummer. — *Praepositus* kommt als kirchliches Vorsteheramt in verschiedenstem Sinne vor. In spanischen Urkunden des 11. und 12. Jahrhunderts erscheint die Bezeichnung mit levita und diacon verbunden, wie hier mit presbyter. Eine Windischer Inschrift wohl des 9. Jahrhunderts bietet *administraturibus et prebositis*, Nr. 48 unten.

14. Fragment einer Grabschrift. (Tafel I.)

    HIC REQ*uies*
    CIT IN PAC*e bo*
    NE MEM*oriae*

  Das Original im Museum von Genf. Herr Dr. Gosse schreibt am 10. April 1894: l'inscription qui est en effet inédite, a été trouvée par moi en 1879 à Genève près de l'église de S. Pierre.
  Das Formular ist das in den Genfer Grabschriften gewöhnliche, vgl. Nr. 12, 13, 15, 16.

    * * *

Diesem ächten Stück reihen wir ein zweifelhaftes an. Die Inschrift lautet:

    HIC REQVIESCIT
    IN PACE BONE ME
    MORIE L · E · QVI
    VIXIT ANNVS XIII
    M · M · M · M · M · M

Das Original ist nicht erhalten. Es soll laut einer (nicht weiter bezeichneten) handschriftlichen Chronik im Jahr 1690 zu Genf gefunden worden sein.

So meldet Blavignac, hist. de l'architecture sacrée dans les anciens évêchés de Genève etc. (1853) p. 11. — Mommsen Nr. 355, auf p. XIX der Einleitung, bemerkt zu der Inschrift: aut recens aut falsa. — Le Blant Nr. 371^A. — De Rossi, in der zu Nr. 1 oben citirten Schrift p. 5.

Die zwei letztgenannten Autoren glauben an ein ächtes, nur vom Copisten mangelhaft wiedergegebenes Monument des 6. Jahrhunderts. Das Formular ist das in Genf übliche. De Rossi erklärt das fünfmalige M am Schluss als Zickzacklinie, mit welcher ein alter Abschreiber den Bruch des Steins angedeutet habe. Der Name, den man nach der Eingangsformel erwartet, fehlt; er müsste denn in den zwei Buchstaben L · E · stecken, die indessen De Rossi als l(audabilis) f(emina) erklären möchte, indem er E für F nimmt. Am Schluss wäre wie bei den andern Genfer Grabschriften die Angabe des Todestages hinzuzudenken.

Diese Erklärungsversuche vermögen nach meiner Ansicht über den Verdacht nicht zu beruhigen, den die mangelhafte Bezeugung durch Blavignac erweckt. Es wird bei Mommsens Urtheil bleiben.

15. Fragment der Grabschrift des Ursolus. (Tafel I.)

L VRSOLVS Q
ANNVS

= (hic requiescit bonae memoria)e(?) Ursolus q(ui vixit) annus . . . .

Das Original, aus der Stadtmauer von Genf nahe beim Collège stammend, ist 1862 gefunden worden. Jetzt im Museum.

Fazy, Catalogue du Musée de Genève (1863) Nr. 32, 1. — C. J. G. XII (1888), Nr. 2645. — Le Blant NR (1892), Nr. 96.

Der Name *Ursolus* ist mehrfach nachgewiesen, so in einer christlichen Inschrift aus Trier, Le Blant 291.

16. Fragment der Grabschrift des . . . . gisus. (Tafel I.)

ES CE I
NEMEMO
GISVS
OSQ O
AG
CATANI

= (hic requi)escet (in pace bo)ne memo(riae) . . . . . gisus . . . . .

Das Original, Kalkstein, stammt von der 1862 abgebrochenen Bastion du Pin. Jetzt im Museum.

Fazy, catalogue du musée de Genève (1863) Nr. 24. — J. Becker, Jahrbücher des Vereins von Alterthumsfreunden im Rheinl. fasc. XLI (1866) p. 157. — Fazy, Genève sous la domination Rom., mém. de l'institut national XII (1868) p. 54 f., Abbildung Tafel 6 Nr. 2. — C. J. L. XII (1888) Nr. 2646. — Le Blant NR (1892) Nr. 97.

Zur Eingangsformel vgl. Nr. 12—15, zum Namen z. B. aus Genf den Bischof *Ansegisus* vom 9. Jahrhundert, dessen Grabschrift noch erhalten ist, Nr. 42. Am Schluss glauben Fazy und Le Blant die sonst im Alterthum kaum nachweisbare Formel *(requies)cat ani(ma)* lesen zu können.

17. Fragment einer Inschrift. (Tafel I.)

```
       GOI
    DEIANIMAM
    AREIVNGE
```

= . . . . *dei animam* . . . . *junge(re?)* . . .

Das Original, Kalkstein, von gleicher Herkunft wie Nr. 15, im Museum von Genf.
Fazy, catalogue du musée de Genève (1863) Nr. 32, 2. — C. J. L. XII (1888) Nr. 2647. — Le Blant NR (1892) Nr. 98.

18. Zwei Steinfragmente.

```
a)  . . . . N . . . . . .
    . . . . . SIMIO . .
    . . . . . . ILV . . .
    . . . . NI . . . . . .
```

b) Vogel, ohne Kopf.

Die Originale stammen von den Ausgrabungen zu St. Peter im Jahre 1869 und befinden sich im Genfer Museum.

Gosse, inscriptions découvertes à Genève, im Anzeiger f. Schweiz. Alterthumskunde 1873 p. 455. — C. J. L. XII (1888) Nr. 2648. — Le Blant NR. (1892) Nr. 99. — (Gosse), St. Pierre (1893) p. 54, mit Abbildungen Fig. 20. 21.

Die späte Schrift mag für christliche Herkunft sprechen.

19. 20. Ringe mit Monogrammen.

Originale im Museum von Genf.

Wir schicken hier eine allgemeine Bemerkung voraus, die sich auch auf die weiterhin folgenden ähnlichen Ringe Nr. 29—32 bezieht.

M. Deloche publicirt in der Revue archéologique seit 1884 eine grosse Zahl von Ringen, deren Buchstabenzeichen er mit mehr oder weniger Sicherheit zu deuten glaubt. Man hat aber doch oft sehr den Eindruck blossen Rathens und wird wohl thun, sich mit Le Blant NR. (zu Nr. 19) zu erinnern, dass die Monogramme schon für die alte Zeit selbst vielfach als Räthsel galten. So sagt Symmachus, auf seinem Siegelring könne der Name mehr errathen als gelesen werden, und Avitus lässt auf einen für ihn bestimmten Ring zum Monogramm den vollen Namen setzen, damit man es richtig deute.

Ohnehin wird man nicht immer sicher sagen können, ob ein Ring christlicher Herkunft sei. Le Blant schliesst daher neuerdings Ringe mit Monogrammen von seiner Inschriftensammlung aus.

Die Collection derartiger Ringe im Museum von Genf hat Deloche a. a. O. 3. série, Tome XXI, Mai—Juni 1893, und besser sowie vollständiger an der Hand der Originalien, der Genfer Conservator des Musée Fol, J. Mayor, im folgenden Heft, Juli—August p. 88—105 behandelt. Unter dem Titel notes sur les anneaux mérovingiens du Musée de Genève werden von Mayor 14 Ringe besprochen, die zum Theil aus Frankreich stammen, zum Theil sonst nicht in unsern Rahmen gehören. Nur zwei werden hier berücksichtigt, indess unter Verweisung auf die bereits publicirten Abbildungen.

Der erste ist in der Rhone gefunden und zuerst publicirt von Gosse, rapport sur divers objets trouvés dans le lit du Rhône 1890 p. 6, Abbildung pl. III Fig. 3, danach bei Deloche Nr. CCXXIV und bei Mayor p. 102. Während Deloche annimmt, das mittlere Zeichen sei das gestrichene S in der Bedeutung von signum und das vierfache Zeichen ringsum sei viermal E, der Anfangsbuchstabe des Namens, welchen der Eigenthümer trug, verzichtet Major mit Recht auf eine Deutung.

Der andere Ring, aus Bronce, soll ebenfalls aus dem Gebiet von Genf stammen. Deloche Nr. CCXXV liest das Monogram SIgnum SAVINE. Mayor p. 95 f. erklärt, es lasse sich nur ein Monogramm SI erkennen, das in verschiedener Weise, auch ohne Eigennamen, auf Siegelringen als Abkürzung von signum, sigillum oder signavi vorkomme; die übrigen Zeichen seien keine Buchstaben, sondern bloss ausfüllende Verzierungen.

* * *

Anhangsweise mögen hier etliche Thonlampen mit christlichen Zeichen aus Genf erwähnt werden. Zwei weisen das monogrammatische Kreuz mit Verzierungen auf, eine das Bild des Fisches, eine die Figur eines Baumes, eine zwölf Köpfe (der Apostel?). De Rossi hat in der zu Nr. 1 erwähnten Abhandlung diese Lampen dem 4.—6. Jahrhundert zugeschrieben. In der Uebersetzung, MDG. I (in 4°), ist pl. II Fig. 5 eine seither zu St. Peter gefundene Lampe mit dem Kreuzeszeichen hinzugefügt. Ueber das Exemplar mit dem Fisch habe ich in meiner Kirchengeschichte der Schweiz etc. (1893) einen eignen Excurs gegeben p. 111—114, worin das alte Symbol, Name und Bild des Fisches, im Zusammenhang mit der Ueberschrift des Markusevangeliums zu erklären versucht wird.

Beachtenswerth ist noch ein Silbergeschirr aus Prigny, im Museum zu Genf, Mommsen Nr. 343. Man liest auf demselben den Namen *Vitalis*, der meist christlich zu nehmen ist.

Lausanne.

21. Grabschrift des Bischofs Marius von Aventicum (574–594).

  MORS INFESTA RVENS QVAMVIS EX LEGE PARENTIS
  MORIBVS INSTRVCTIS NVLLA NOCERE POTEST
  HOC ERGO MARII TVMVLANTVR MEMBRA SEPVLCRO
  SVMMI PONTIFICIS CVI FVIT ALMA FIDES
5 CLERICVS OFFICIO PRIMEVIS TONSVS AB ANNIS
  MILICIA EXACTA DVX GREGIS EGIT OVES
  NOBILITAS GENERIS RADIANS ET ORIGO REFVLGENS
  DE FRVCTV MERITI NOBILIORA TENET
  ECCLESIE ORNATVS VASIS FABRICANDO SACRATIS
10 ET MANIBVS PROPRIIS PREDIA IVSTA COLENS
  IVSTITIE CVLTOR CIVIVM FIDISSIMA VIRTVS
  NORMA SACERDOTVM PONTIFICVMQVE DECVS
  CVRA PROPINQVORVM IVSTO BONVS ARBITER ACTV
  PROMTVS IN OBSEQVIIS CORPORE CASTO DEI
15 HVMANIS DAPIBVS FIXO MODERAMINE FVLTVS
  PASCENDO INOPES SE BENE PAVIT OPE
  IEIVNANDO CIBANS ALIOS SIBI PARCVS EDENDO
  HORREA COMPOSVIT QVOMODO PASTOR ABIT
  PERVIGIL IN STVDIIS DOMINI EXORANDO FIDELIS
20 NVNC HABET INDE REQVIEM VNDE CARO FESSA FVIT
  QVEM PIETATE PATREM DVLCEDINIS ARMA TVENTEM
  AMISSIS TERRIS CREDIMVS ESSE POLIS

Original nicht erhalten.

Unter dem Titel „epythaphium beati Marii tale est" überliefert durch Cartularium Lausannense, MDR. VI (1851) p. 31, Monum. Germ. script. 24 p. 794. — Auch bei Arndt, Bischof Marius (1875) p. 10. — In deutsche Verse übersetzt bei Gelpke, Kirchengeschichte der Schweiz II (1861) p. 148. — Le Blant NR. 441, mit der Bemerkung, die Copie sei in mehreren Punkten wenig correct.

1. 2. Derselbe Gedanke im Epitaph Fortunats auf dem gemeinsamen Grabe der Bischöfe Rusticus I. und II. von Limoges, Le Blant Nr. 555: *invida mors rapido quamvis miniteris hiatu | non tamen in sanctos iura tenere vales*. Vgl. Nr. 205 auf Bischof Germanus von Paris: *vir cui dura nihil nocuerunt fata sepulcri*.

3. 4. Vgl. Fortunats Grabschrift auf Bischof Euemerus von Nantes, Le Blant Nr. 197: *hoc igitur tumulo requiescit Euemerus almo | per quem pontificum surgit opimus honor*. Die Wendung *hoc tumulantur membra sepulcro* ist bei Fortunat (Le Blant Nr. 220) und noch später (ebenda Nr. 373[A] etwa aus dem Jahre 632) beliebt. *Alma fides* auch in Fortunats Mainzer Inschrift, Le Blant Nr. 341. *Summus pontifex* wird auch Bischof Valentian von Chur, unten Nr. 37, genannt.

5. 6. Aehnlich heisst es von einem Cleriker aus Arles, Le Blant Nr. 509: *qui teneris primum*

ministrum fulsit ab annis. — *Milicia exucta*, ähnlich *militiam peragens* auf Fortunats Epitaph für Bischof Exotius von Limoges, Le Blant Nr. 556.

7. 8. Aehnlich die Stelle in Fortunats Grabschrift auf Bischof Gregor von Langres, Le Blant Nr. 2: *nobilis antiqua decurrens prole parentum | nobilior gestis nunc super astra manet*. Ueber die vornehme Herkunft des Marius sagt Propst Cono von Estavayer im Cartul. Laus. p. 32: idem sanctus Marius, sicut ab antiquis audivi, oriundus fuit de episcopatu Eduensi sive Augustudinensi, nobilis genere, sed nobilior moribus, ubi adhuc eius vita scripta esse dicitur; et dedit capitulo Lausannensi terram de alodio suo in quadam villa prope Divionem, que dicitur Marcennai, etc.

9. 10. Le Blant préface p. CXII hebt hervor, wie Christenthum und Kirche die Ehre der Arbeit gefördert haben, auch unter den Galliern, von denen Cicero noch urtheilt: Galli turpe esse ducunt frumentum manu quaerere. Marius als Verfertiger von Kirchenzierden erinnert an Eligius, wie schon Arndt, Bischof Marius (1875) p. 15 Note 1 näher erinnert hat. Sonstige Arbeit, auch auf dem Felde, wird Hilarius von Arles nachgerühmt, Le Blant Nr. 516: *rustica quinetiam pro XPO munia sumens;* auch Nicetius von Lyon, Gregor von Tours, vitae patrum VIII, 1: semper *manibus propriis* operatur cum famulis, ut apostoli praecepta impleret dicentis: laborate manibus ut habeatis unde tribuere possitis necessitatem patientibus.

11. Ueber die Bischöfe gallorömischer Abkunft als die Beschützer und Vertreter ihrer Stadtbevölkerungen im Anfang der Barbarenherrschaft handelt Löning, Gesch. d. deutschen Staatskirchenrechts Bd. II. Ohne amtlichen Charakter wirkten diese Männer manigfach gemeinnützig, legten Wasserleitungen an, besorgten Anleihen, schützten die gedrückten Classen. An der Kirche fand das Volk oft noch den einzigen Halt. Von Bischof Pantagatus aus Vaison heisst es, Le Blant Nr. 492: *... nam custos patriae rectorque vocatus a patria* .... Die Pflege der Gerechtigkeit wird gerühmt von Bischof Priscus von Lyon, Le Blant Nr. 26, und in einem Epitaph Fortunats von einem andern Bischof, Nr. 643.

13. 14. Vgl. mit dem Anfang des Distichons: *cura propinquorum* .... *promptus in obsequiis* den Pentameter der Inschrift Fortunats auf Bischof Calactericus von Chartres, Le Blant Nr. 212: *cura propinquorum* .... *promptus ad omne bonum*. Trotz der Anklänge an Fortunat darf dieser nicht als Verfasser der Mariusinschrift bezeichnet werden; es fehlen ihr die für Fortunat am meisten charakteristischen, von Le Blant zu Nr. 31 zusammengestellten Wendungen. Der Styl ist überhaupt der in Grabschriften jener Zeit übliche.

16. Die Sorge für Bedrängte aller Art wird den Prälaten auf zahlreichen Inschriften nachgerühmt, vgl. oben Nr. 7 aus Agaunum, unten Nr. 37 aus Chur.

17. Aehnlichen Nachruhm verkündet die metrische Inschrift des Pantagatus von Vaison, Le Blant Nr. 492: .... *parcus sibi, largus amicis*. Vgl. auch Gruter 1167, 7: *prodiga pauperibus, nam sibi parca nimis*.

22. Aehnlichen Ausdruck findet die Hoffnung auf vielen Monumenten, so auf dem des h. Bavo in Gent: *felix post tumulos possidet ipse polos*, Le Blant 321[c]. — Wilhelm Arndt, Bischof Marius p. 10, bezeichnet die Inschrift als entschieden unvollständig überliefert, da man nach der Sitte der Zeit noch Angaben über Lebensdauer, Sterbetag und Sterbejahr zu erwarten habe. Hiegegen ist indess zu erinnern, dass diese Angaben unabhängig vom metrischen Epitaph vorkommen können, auf dem Steindeckel des Grabes selbst, während die Verse auf besonderer Tafel, etwa an der Wand der

Kirche, zu denken sind, vgl. die zwei derart auf eine Person bezüglichen Inschriften Le Blant Nr. 211 und 212, einem mit Marius ungefähr gleichzeitigen Bischof von Chartres gesetzt. — Nach Cartul. Laus. p. 29 war des Marius Ruhestätte die einst St. Thyrsus, später nach Marius selbst benannte Kirche zu Lausanne.

Avenches.

22. Aufschrift eines Glasgefässes. (Tafel IV.)

VIVAS IN DEO

Original im Cantonal-Museum zu Avenches, mit dem ähnlichen Glase Nr. 23 in einem Grabe des Friedhofes westlich der jetzigen Stadt gefunden. Durchmesser oben 8, unten 5, Höhe 12 cm. Auf der untern Hälfte des Gefässes einige Buckel von blauem Glase aufgeschweisst; Verzierungen, aber nicht Figuren, auf dem gräulichen Glasgrunde. Am obern Rande feine Streifen von Verzierungen. Höhe der Buchstaben c. 8 mm; dieselben sind gravirt.

Caspari, Découverte d'un tombeau Romain à Avenches, im Anzeiger f. schweizer. Alterthumsk. 1872 p. 385. — Le Blant NR. (1892) Nr. 91. — Das Facsimile der Inschrift und die Photographie verdanke ich der Gefälligkeit des Herrn Conservator Louis Martin zu Avenches.

Die Formel *vivas in Deo* ist vorwiegend christlich, doch nicht ausschliesslich, Piper, Mythol. d. christl. Kunst I, 1 p. 116. Wir nehmen immerhin die beiden Gläser unter die christlichen Gegenstände auf; Caspari glaubt das Grab, in dem sie gefunden wurden, dem 6. Jahrhundert zuschreiben zu sollen, in welchem Avenches bereits als Bischofssitz nachweisbar ist, vgl. meine Kirchengeschichte der Schweiz, Excurs V über das Bisthum Aventicum und Lausanne p. 124—127. Doch gehört die Formel *vivas in Deo* nach De Rossi und Le Blant dem ältern epigraphischen Stil an; auch Schrift und Technik dürften älter sein. Bei den Glasgefässen mag an die kunstreichen Metallgefässe erinnert werden, die noch gegen Ende des 6. Jahrhunderts Bischof Marius von Avenches zu verfertigen verstand, laut Nr. 21 oben.

Eine der unsrigen genau entsprechende Aufschrift auf rother Vase wohl ältern, römischen Fabrikates bei Le Blant Nr. 155. Aehnlich Nr. 29, 336°, 572, hier die Formel *vive Deo*. Weitere Beispiele dieser und verwandter Formeln, wie *vivas in pace Dei*, *in Christo*, zu Nr. 29 in den Anmerkungen. Auf Grabsteinen, Vasen und andern Gegenständen häufig, lateinisch und griechisch, auf Lebende und Todte bezogen. Als Abschiedsformel kommt das blosse *vivas* schon heidnisch vor. Auch Piper a. a. O. p. 188 ff. gibt einige Beispiele. Vgl. ferner die folgende Nummer und unten die Gürtelschnalle Nr. 24. Die Formel wurde sehr oft gebraucht; man findet sie auch in Gestalt eines Monogramms, Le Blant NR. 50. — Vgl. die Aufschrift des folgenden Glases.

23. Aufschrift eines Glasgefässes. (Tafel IV.)

Z E s ... e s

Original im Cantonal-Museum zu Avenches, mit dem zu voriger Nummer behandelten Glase, dem es auch ähnlich ist, im gleichen Grabe gefunden. Durchmesser oben 6, unten 3½, Höhe 11 cm.

Buckel und Verzierungen wie auf dem andern Glase. Buchstaben c. 6 mm. hoch, eingegraben. Zwei Brüche, der erste mit Raum für einen, der andere für zwei oder drei Buchstaben. Zwischen den Brüchen ein Glasstück mit Palmzweig von gleicher Höhe wie die Buchstaben, vgl. die Skizze des Glases und die Durchzeichnung der Inschrift.

Caspari a. a. O. — Le Blant NR. (1892) Nr. 92, dazu Berichtigung p. 451.

Das Facsimile der Inschrift und die Photographie verdanke ich der Gefälligkeit des Herrn Conservator Louis Martin in Avenches.

Anfänglich conjicirte ich ZE*sus* oder ZE*ses* (dieses mit Caspari; die zwei letzten Buchstaben durch den Palmzweig von den drei ersten getrennt). Die erstere Vermuthung lehnte sich an die Inschrift bei Gruter p. 1058, 6 *vibas in domino Zesu* (= *Jesu*), die im Sinn mit der Aufschrift des andern Glasgefässes Nr. 22 parallel geht, bezw. an das auf Gläsern auch allein vorkommende *Zesus* und *Zesus Cristus*, wofür ich Boldetti p. 194. 205. 208. 266, 408 citirt fand. Für die Lesart *Zeses* sprach die Parallele mit *vivas* auf dem Glase Nr. 22, sowie das häufige Vorkommen dieser Acclamation. Da die Werke von Boldetti und Garrucci, vetri, mir nicht zugänglich waren, bat ich Herrn Professor Dr. Ferd. Piper in Berlin um die Entscheidung. Ich lasse die eingehende Erörterung, die er mir zu senden die Güte hatte, und die sich für *zeses* entscheidet, hier folgen:

„Aus Ihrer interessanten Mittheilung vom 7. d. M. über ein Glasgefäss im Museum zu Avenches mit einem Palmzweig und den Buchstaben ZE ... sehe ich, dass sie geneigt sind, letztere für den Anfang des Namens ZESVS (= *Jesus*) zu nehmen. Das ist sprachlich unbedenklich; jedoch in den Parallelstellen, von denen Sie einige aus Boldetti anführen, erscheint der Name entweder als Beisatz der Figur Christi, so bei der Auferweckung des Lazarus und bei den 7 Körben als Zeichen der wunderbaren Speisung (Boldetti 194. 205; Garrucci vetri VIII, 5. VII, 17), oder in einem Zuruf, den Sie aus Gruter und Boldetti erwähnen: *(Regina) vibas in domino Zesu*, — letztere Inschrift demnächst bei Bosio 507 und Aringhi II, 262; der Stein im Lateran-Museum CIX, 17. Aber von einer bildlichen Ausschmückung, wozu der Name gehören würde, scheint auf Ihrem Glase keine Spur zu sein. Und ebenso wenig, da Sie nur für 5 oder 6 Buchstaben Raum finden, kann ein Zuruf analog dem genannten ergänzt werden. Ich zweifle aber nicht, dass die andere von Ihnen berührte Erklärung, die auch am nächsten sich darbietet, zutreffend ist. Das *zeses* ist geläufig in lateinischen wie in griechischen Grabschriften des christlichen Alterthums. Von letztern ist folgende im Lateran-Museum (XIX, 25):

ΕΥCCIBI ΖΗ
CEC .

Lateinisch aus dem Cömeterium der Cyriaca bei Boldetti 418 (bei Mai, script. vet. nov. collect. T. V. p. 445, 7 entstellt):

RESTVTA IN PACE
IE(E((I = Z).

Auch das Fragment eines Grabsteins vom Jahr 307 im Lateran-Museum (IV, 9):

*(pi)*E ZESES mit Palmzweig.

Namentlich auf Katakombengläsern, theils in eben dieser Formel, worauf es hier weniger ankommt, theils allein *zeses*, wie bei Garrucci II, 8: *Spes hilaris cum tuis zeses*,

         XII, 1: ... *vivas cum tuis feliciter zeses*,
         XII, 5: *Dignitas amicorum vivas cum tuis zeses*,
         XXX, 6: *vivatis in Deo zeses*.

Für diese Deutung des ZE = *zeses* scheint mir insbesondere die von Ihnen erwähnte Inschrift des andern aus demselben Grabe stammenden Glasgefässes in Avenches VIVAS IN DEO ⚓ zu sprechen, wegen der Uebereinstimmung des Gedankens und Sinnbildes. Dass bei dieser Erklärung das Wort ZE*ses* nach Ihrer Berechnung und Angabe durch den Palmzweig durchschnitten wird, steht derselben nicht entgegen, da ähnliches auch sonst sich findet. So ist in einem Grabstein aus dem Cömeterium der Comodilla das Wort OMNIVM durch das Monogramm Christi unterbrochen (Boldetti 545), und auf einem Grabstein im Lateran-Museum (VII, 14) vom Jahre 494 das Wort IOHANNIS durch Kranz und Monogramm." (Berlin, 19. Nov. 1888). —

Zu vgl. ist noch Kraus, Inschriften der Rheinlande I Nr. 209 die 1870 gefundene Glasscheibe aus einem Trierer Sarg mit der Inschrift VIVAS · IN DEO Ζήσαις (De Rossi, Bull. di arch. christ. 1873. II ser. IV. 140 f.). Ferner Thongefässe und Glasphiole aus Köln, ebenda Nr. 297ı.2 und 298, auf einem der erstern die Aufschrift PIE SESES (pie = bibas), auf der Phiole:

ΗΙΕ ΖΗCΑΙC ΑΕΙ
ΕΝ ΑΓΑΘΟΙC.

Armellini, in der Römischen Quartalschrift f. christl. Archäol. etc. VI (1892) p. 56 und Tafel II Fig. 2, publicirt aus der Sammlung des Campo santo eine „boccetta o fiala aromatoria" mit der Acclamation *pie zeses in Deo*. Le Blant, neustens für das Glas aus Avenches, unter Verweisung auf ähnliche Beispiele, der Lesung *zeses* beistimmend, erwähnt auch des Zurufs *bibe et vive*, einer acclamatio convivalis, die den Alten wegen des eigenthümlichen Anklangs gefiel, und die man gern auf Trinkgläser schrieb. Die Gläubigen wandten sie etwa im mystischen Sinne an, wie Augustin in einer Predigt zeigt: fons est vitae; accede, bibe et vive.

Vaudallaz bei Lavigny, Ct. Waadt.

24. Aufschrift eines Gürtelschnallenbeschläges mit Danielsbild. (Tafel IV.)

NASVALDVS NANSA ✠ | VIVAT DEO VTERE | FELEX DANINIL

Original, gefunden bei Lavigny, im Museum von Lausanne.

Zürcher Antiquarische Mittheilungen II, (1844), 3. Heft; Troyon, bracelets et agrafes antiques p. 29, Tafel III Fig. 1. — Le Blant I (1856) Nr. 366, mit Abbildung pl. 252. — De Bonstetten, carte archéologique du Canton de Vaud (1874) p. 27.

Nasvaldus, der mit der Nase herrscht (valdan), burgundischer Name von der auffälligen Nase. *Nansa*, gleichsam die Abkürzung desselben Namens. Doppelnamigkeit, eigentlicher oder Hauptname und Bei- oder gleichsam Uebername, kommt auch sonst vor. Diese Erklärungen gibt Wackernagel im Anhang zu Bindings Werk über die Burgunder, p. 345, 347, 378 ff.

Vivat Deo, s. oben Nr. 22.

Der Zuruf *utere felex* lässt vermuthen, dass die Gürtelschnalle ein Geschenk war, Le Blant p. 494 Note 5. Beispiele ähnlicher Acclamationen, auch griechisch χρω, bei Le Blant; dazu vgl. Mommsen

Nr. 343, 2 und 354, 8 auf silbernem Löffel und silbernem Ring von Augst, sowie Nachtrag p. 219 (am Schluss) auf den Schenkeln eines broncenen Zirkels von Yverdon, ebenfalls *utere felix* und *utere felex*. Ferner oben Nr. 3.

Der Name *Daninil* wohl statt *Danihel* = Daniel, Le Blant a. a. O. Note 6, vgl. auch Nr. 679 *dihaconus* = diaconus, ferner die Formen *Istrahel*, *Israhel* und *Ihesus*, auf die mich Herr Prof. Schmiedel aufmerksam macht. Auf einer ähnlichen Schnalle unbekannten Ursprungs, in Mâcon, werden zwei Propheten genannt: *Danfel profeta* × | *Ablacu(m) profeta* × |, Le Blant Nr. 632. Hier bemerkt Le Blant über unsere Schnalle aus Lavigny, ihre Schrift sei wohl plump, aber noch ohne wesentliche Zeichen der Entartung, so dass sich an den Anfang des 6. Jahrhunderts denken lasse (Note 3 zu Nr. 366), die Acclamation entspreche dem alten epigraphischen Styl, und der Gegenstand sei noch einfacher behandelt; die Schnalle sei somit älter als die aus Mâcon, deren Schriftcharaktere dem 6.—7. Jahrhundert angehören, deren Inschrift der alte epigraphische Styl fehle, und auf welcher auch der Gegenstand weniger einfach behandelt sei. — Auch auf bildlichen Darstellungen der alten Christen erscheinen bisweilen Prophetengestalten, so auf Sarcophagen; überhaupt hat man gern der Verbindung des alten und neuen Testaments Ausdruck gegeben, wie denn auf einem Sarcophag aus Arles neben Christus Abraham, zum Opfer bereit, auf der einen, und Daniel mit dem babylonischen Drachen auf der andern Seite erscheint, Le Blant zu Nr. 594 (p. 395). Daniel ist wie Lazarus und Jonas ein Typus der rettenden Gottesmacht, Le Blant zu Nr. 467.

Die Aufschrift läuft auf drei Seiten um ein Figurenfeld herum, welches eine männliche Gestalt mit betend erhobenen Händen und zwei Löwen, die Füsse des Mannes beleckend, zeigt; vgl. folgende Nr. 25, wo das Bild durch die Inschrift erklärt ist.

Ueber die Zeit, welcher diese und die nachher besprochenen Gürtelschnallen zuzuweisen sein dürften, verdanke ich der Gefälligkeit des Herrn Dr. L. Lindenschmidt, Director des Röm.-Germ. Centralmuseums in Mainz, folgende Mittheilung: „Wenn Le Blant das Schnallenbeschläge mit der Darstellung des Einzugs in Jerusalem in das VI. bis VII. Jahrhundert setzt (vgl. unten Nr. 28[b] am Schluss), so kann ich ihm nur vollkommen beistimmen; meiner Ansicht nach müssen sämmtliche von Ihnen angeführte Beschläge dem Zeitraum zwischen dem VI. und VII. Jahrhundert zugetheilt werden. Die Form der viereckigen Bronceplatten spricht für diese Zeit, sowie auch das im allgemeinen sehr rohe Machwerk ein Hinaufdatiren in einen früheren Zeitabschnitt kaum zulässt, wo die römische Kunstfertigkeit auch in den Provinzen noch bewahrt wurde und nicht diesen Grad der Verwilderung zeigen konnte. Anderseits aber ist auch ein Herabrücken dieser Arbeiten in das VIII. Jahrhundert nicht thunlich, weil dann derartige Beschläge und Geräthe wieder andere Formen bieten und zugleich den landesüblichen Geschmack viel geschickter und besser zur Darstellung bringen" (28. April 1890).

Daillens, Ct. Waadt.

25. Aufschrift eines Schnallenbeschläges. (Tafel IV.)

+ DAIDIVS +] ... DAGNINIL DVO LEONES EEDE .. | 8 (?) LENGEBANT

Original. Gefunden 1849 unweit Daillens. Jetzt im Museum zu Bern; dahin gelangt mit der v. Bonstetten'schen Sammlung (gefällige Mittheilung des Herrn E. von Fellenberg).

De Bonstetten und F(erdinand) K(eller), agrafe bourgonde, im Anzeiger f. schweiz. Alterthumsk. 1872 p. 386, mit Abbildung. — De Bonstetten, carte archéologique du Canton de Vaud (1874) p. 20. — Le Blant NR. 93.

Danielsbild wie auf voriger Nummer, mit vierseitig umlaufender Inschrift.

Die Legende ist nicht vollständig zu lesen. Die drei Zeichen vor dem Worte Dagninil lässt auch Le Blant unerklärt, während er die zwei ähnlichen in der schief vorüberliegenden Ecke in den Text der Legende zieht und liest: *pedes ejus lingebant*.

Daidius, wohl der Name des Besitzers.

Dagninil, vielleicht zu lesen Dagnihil, der Prophet Daniel, vgl. vorige Nummer. Die wilden Thiere, die den Heiligen dienen, kehren wieder in manchen Legenden. Den die Füsse leckenden Löwen unserer Inschrift entspricht besonders ein Zug in den alten Acten der h. Thekla, worauf Le Blant hinweist: leaena mittens linguam lingebat pedes Theclae. Aehnlich sagt von dieser Heiligen schon Ambrosius: cernere erat linguentem pedem bestiam. Neben andern von Le Blant erwähnten Legenden mag an die Vita des h. Lucius von Chur erinnert werden; wilde Thiere kommen zahm herbei und lecken dem Gottesmann die Füsse, Lütolf, Glaubensboten p. 115 ff. Le Blant vermuthet, das Danielsbild möchte, weil so überaus häufig, als Phylakterion, Schutzmittel gegen Gefahren, gebraucht worden sein, wie im Alterthum das Bild Alexanders.

26. Unlesbare Aufschrift eines Schnallenbeschläges. (Tafel IV.)

Original im Museum von Lausanne.

De Bonstetten a. a. O. p. 20. — Le Blant NR. 94.

Für christliche Herkunft spricht das Bild Daniels, vgl. Nr. 24 und 25. Die Schriftzeichen sind unlesbar, vgl. Nr. 27.

Montgifi, Ct. Waadt.

27. Unlesbare Aufschrift eines Schnallenbeschläges. (Tafel IV.)

Original im Museum von Lausanne.

Troyon, bracelets etc. (1844) Tafel III Fig. 6. Le Blant I (1856) Nr. 363, pl. fig. 248. De Bonstetten, carte etc. (1874) im Text p. 1 (Artikel Alens; Montgifi liegt zwischen Cossonay und Alens).

Das Danielsbild und die obere Zeile der Inschrift ähnlich wie auf voriger Nr. 26. — Wackernagel, Burgundische Sprache (im Anhang zu Binding p. 378, 393 und 388) meint, es scheine in zweimaliger Umkehr und jedesmal mit anderer Verderbniss der Name Jesus gegeben zu sein. In der untern Zeile möchte derselbe zwei burgundische Namen lesen, welche sich auf eine und dieselbe Person beziehen: Jmiman Fons (oder Foss). — Wir verzichten lieber auf die Erklärung dieser Schrift.

• • •

Diesen Beschlägen christlichen Charakters reihen wir zwei weitere ohne solchen, aber mit Aufschriften an.

Unbekannter Herkunft (Ct. Waadt?).

28a. Unerklärte Aufschrift eines Schnallenbeschläges. (Tafel IV.)

Original nicht nachweisbar (erfolglose Anfrage im „Anzeiger"). — Abguss in der antiquarischen Sammlung zu Zürich. Ein solcher fand sich nach Wackernagel früher auch in Basel, ist aber dort gegenwärtig nicht mehr auffindbar.

W. Wackernagel, Sprache und Sprachdenkmäler der Burgunden, bei C. Binding, Burgund.-roman. Königreich 1. p. 377 f. — Emil Egli. Anfrage nach dem Original einer burgundischen Inschrift, im Anzeiger f. Schweizer. Alterthumskunde 1890, Nr. 4, p. 368 f., mit Abbildung des Zürcher Abgusses.

In der Mitte eine Urne, zu beiden Seiten derselben Buchstabenzeichen.

Wackernagel glaubte links den Namen Willimeres und vielleicht die Formel fieri curavit et fecit, rechts die Namen Baltho (th durch Rune bezeichnet) und Emiocer lesen zu können. Die Namen wären burgundisch. Er bemerkt auch, das Beschläg sei „irgendwo im Waadtland" gefunden worden.

Ich verzichte auf eine Lesung und setze folgende Aeusserungen des Herrn Edmond Le Blant in Paris bei, die er nach Uebersendung der Abbildung an mich zu richten die Güte hatte: „Je vous remercie de m'avoir envoyé le numéro de l'Anzeiger qui contient l'agrafe burgonde. C'est la première fois que j'en vois une portant des lettres liées et le fait est intéressant. Par malheur, excepté le début où l'on peut diviner un nom tel que Willelm ..., tout me paraît rebelle au déchiffrement. C'est ce que pensent également les épigraphistes et les chartistes de l'Institut auxquels j'ai communiqué l'Anzeiger. Il y a sur les objets de l'espèce des légendes qu'il faut, je crois, se résigner à ne pas comprendre. Telle est l'agrafe que j'ai publiée dans mon 1ᵉʳ volume des Inscriptions de la Gaule, figure 248 (oben Nr. 27). Telle est aussi celle qui vient de Daillens et qu'a donnée le Baron de Bonstetten, Carte archéologique du Canton de Vaud p. 20 (oben Nr. 26). Celles là portent pourtant des inscriptions en toutes lettres et non des caractères liés" (Paris 22 mars 1891).

Die christliche Herkunft dieses Stücks ist nicht sicher. Vgl. das folgende Stück.

Crissier, Ct. Waadt.

28b. Unerklärte Aufschrift eines Schnallenbeschläges. (Tafel IV.)

Original im Museum von Lausanne.

Anzeiger f. Schweiz. Alterth. 1873 p. 413, Tafel XXXIV Fig. 3.

Wie bei voriger Nr. 28a unentzifferte Legende und keine christlichen Symbole, daher ohne neue Nummer angereiht. Von den übrigen Stücken weicht dieses in der Form ab.

* * *

Weitere Gurtschnallen mit Aufschriften scheinen sich in der Schweiz noch nicht gefunden zu haben, wohl aber — neben vielen einfach verzierten oder phantastische Thiergestalten bietenden — solche mit christlichen Figuren. Für die Waadt vgl. Troyon, bracelets, Tafel II und III. Eine im Besitze des Herrn Abbé Gremaud in Freiburg ist publizirt in der Abhandlung von J. Gremaud, antiquités

Romaines de la Gruyère, im Mémorial de Fribourg I (1854), auch bei de Bonstetten, recueil des antiquités Suisses (1855), Tafel XXIII, 1 (vgl. Tafel XXII, 9 und 11). Sodann sind im Jahr 1881 unweit Fétigny im Canton Freiburg 33 burgundische Gurtschnallen gefunden worden, die meisten ohne christlichen Charakter, sechs mit deutlich sichtbarem grossem Kreuz, zwei davon mit zweien, eine vielleicht mit Taube; diese Stücke werden in einer dem burgundischen Funde gewidmeten Abhandlung in den Collectanea der Freiburger Universität von Prof. Kirsch behandelt werden (gefällige Mittheilung des Herrn Prof. A. Büchi in Freiburg). Eine Ringschnalle aus dem Wallis, auf die mich Herr Privatdocent Heierli in Zürich aufmerksam macht, und die im Anzeiger 1876, Tafel VII, Fig. 9 publizirt ist, scheint nur Verzierungen, nicht Schrift, zu bieten. — Ausserhalb der Schweiz kommen ähnliche Gurtschnallen in Savoyen und weithin im Juragebiet vor. Einige aus Savoyen, von La Balme bei La Roche, mit Figuren, eine mit Aufschrift, sind bekannt aus Gosse im MDG. IX (1855) pl. II fig. 4, aus dem Anzeiger 1873 p. 455, aus Lindenschmidt, Handbuch der deutschen Alterthumskunde Tafel II, Fig. 330; vgl. auch meine Kirchengeschichte der Schweiz (1893) p. 49 f. (Einzug in Jerusalem?) und p. 126 (Abbildungen).

Bel-Air, bei Chéseaux sur Lausanne.

29. 30. Ringe mit Monogrammen. (Tafel IV.)

Originale im Museum von Lausanne. Grabfunde vom Jahr 1838, von Silber und von Bronce; vgl. Nr. 31 und 32.

Troyon, descriptions des tombeaux de Bel-Air, Zürcher Antiquar. Mittheilungen I (1841) Heft 9 p. 4 f., Tafel I Fig. 29 und II Fig. 4. — Le Blant Nr. 364 und 365, abgebildet in den Tafeln Fig. 249 und 250.

Le Blant erwähnt unmassgeblich Lenormant's Lesungen RAGNERIVS auf dem silbernen, SIGDVNVS oder SIGVDVNVS auf dem Bronce-Ring.

Hohberg, bei Solothurn.

31. Silberring mit Monogramm. (Tafel IV.)

Original im Museum von Solothurn. Grabfund vom Jahr 1844.

Zürcher Antiquar. Mittheilungen III (1846/47) Tafel VIII Fig. 20. — Mommsen Nr. 354, 5. — Le Blant Nr. 362A und Fig. 247. — Kraus, Inschriften der Rheinlande I (1890) Nr. 6, mit Abbildung.

Mommsen hält den Ring für wahrscheinlich nachrömisch und denkt an die Lesung RENATI, Le Blant an VERANI, Professor Meisterhans in Solothurn (Brief vom 22. Febr. 1889) eher an VERENA, dies im Hinblick auf die weiblichen Reste des Grabes und die dortige Legende. Gewiss eine ansprechende Vermuthung; Professor Georg v. Wyss möchte ihr vor den andern Deutungen den Vorzug geben. Doch ist stets festzuhalten, dass diese Monogramme keine sichere Deutung zulassen. — Vgl. ähnliche Züge bei Nr. 32.

Grenchen, Ct. Solothurn.

32. Broncering mit Monogramm (?).

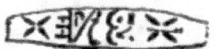

Original im Museum von Solothurn, Grabfund vom Jahr 1862, von ähnlicher Form wie Nr. 31. Jac. Amiet, Anzeiger f. Schweiz. Alterth. 1862, p. 47—50, dazu Tafel III Fig. 5 und 6 (wonach unsere Abbildung).

Die Grenchner Gräber, ein ganzer Friedhof, lagen neben der Kirche und gehören mit denen zu Hohberg (Nr. 32) und zu Bel-Air (Nr. 29. 30) derselben Zeit an (Prof. Meisterhans).

Amiet macht auf eine gewisse Aehnlichkeit der Zeichen mit denjenigen voriger Nr. 31 aufmerksam (V und E verbunden?) und denkt an einen Schreiber, der den gleichen typisch gewordenen Namen wie dort im Sinne hatte, aber der Schrift unkundig war. Man kann aber nicht immer entscheiden, ob Schrift oder blosse Verzierung vorliegt, vgl. die nachstehende Anmerkung.

* * *

Aus der Diöcese Lausanne mögen noch Ringe aus Yverdon erwähnt werden, einer mit Zeichen, die Verzierungen oder Schriftzüge sein mögen (vgl. Nr. 32), einer mit Kreuz, und besonders ein zierlicher Siegelring mit dem constantinischen Monogramm. Sie stammen vom Kirchhof du Pré de la Cure und sind abgebildet bei L. Rochat, recherches sur les antiquités d'Yverdon, Zürcher Antiq. Mittheil. XIV (1862) Tafel IV, Fig. 5, 6, 7.

Basel.

33. Aufschrift eines Elfenbeinplättchens.

☩ PERPETVAE SEMPER ☩ AVGVSTAE ☩

Das Orignal im Museum zu Basel.

Kraus, Inschriften der Rheinlande I (1890) Nr. 5, Abbildung Tafel XXI. 9, gibt über dieses Stück folgende Nachrichten: „Elfenbeinplättchen, 0,30 m. lang, 1 $^1/_4$ cm. dick; gelangte aus Privatbesitz 1877 in das Dommuseum. Provenienz unbekannt, man vermuthet Kaiseraugst. Das Elfenbein zeigt in der Mitte das Brustbild einer Augusta in Diadem, Perlschnur um den Hals, umgeben von einem durch zwei bekleidete Genien gehaltenen Kranze. Drei Seiten der Umrahmung sind durch einen Fries aus Blumen, Aehren u. s. w. ausgefüllt, die untere Längenseite hat die Inschrift (s. oben). Herr Prof. Heyne, unter dessen Direktion damals die ma. Sammlung Basels stand, hatte die Güte, mich durch Schreiben vom 23. Jan. 1877 von dieser kostbaren Acquisition in Kenntniss zu setzen und mir eine Photographie zuzusenden. Ich habe bald darauf in der Conferenz der Società di cultori della cristiana archeologia zu Rom (8. Apr. 1877, vgl. De Rossi Bull. di arch. crist. III. Ser. III. 68 f.) und BJ. LX 157 über das Elfenbein berichtet. Es ist kein Zweifel, dass dasselbe ein Theil eines Diptychons ist;

man beachte die grosse Aehnlichkeit desselben mit der obern Partie des barberianischen Diptychons (Gori, Thes. Dipt. II. 163 Tab. 1) und dem bei M. Meyer, zwei antike Elfenbeintafeln d. k. Staatsbibl. zu München 1879 Taf. I, abgeb. Oberstück aus Mailand. „Die Schnitzerei geht bis 1 cm. tief. Am untern breiten Ende befinden sich zwei Falze, 7$^1/_2$ cm. br. auf jeder Seite, und von einer Tiefe von stark 2 cm." (Heyne). Heyne vermuthete, die Platte habe zur Verzierung der Rückwand eines Sessels gedient, welcher Ansicht ich anfangs beizupflichten geneigt war. Indessen entscheidet die Acclamation der Inschrift für den Charakter des Diptychons: es ist das einzige einer Augusta gewidmete und uns bekannte Exemplar. „.... ha un grande valore come monumento unico nel suo genere, cioè portante la dedica ad un imperatrice. È anche notabile per la rarità grande delle sculture cristiane dei primi sei secoli nelle provincie del Reno" (De Rossi a. a. O.). Der Stil der Sculptur weist auf das 5. Jh. hin, dem allerdings die mehr dem 6. Jh. eigenen Kreuze zu widersprechen scheinen. Doch bemerkt auch De Rossi a. a. O., dass auch mitten im Text, nicht bloss zu Anfang und zu Ende der Inschrift, ein Kreuz steht, und dass das Vorkommen dieser Kreuze mehr in der Weise einer Interpunction das Denkmal etwas höher hinaufzusetzen gestattet. Er denkt an Pulcheria, weil die Diptychen nur regierenden Kaisern Seitens der Consuln geschenkt wurden und Pulcheria in der That regierende Fürstin war; ich hatte auch an Aelia Eudoxia und Galla Placidia gedacht. — Das Elfenbein soll übrigens bereits vor einigen Jahrzehnten in der Schweiz aufgetaucht und irgendwo beschrieben worden sein."

Ich gebe diese Mittheilungen, wie sie sind, möchte aber mit dem Katalog der Antiquarischen Sammlung in Zürich II p. 29, Nr. 4076, für möglich halten, dass die Kreuze nachträglich beigesetzt sind. Zürich hat einen Gypsabguss des Elphenbeins, sowie eine gute Zeichnung (Zeichnungsbücher, Mittelalter VII p. 24) mit der Notiz: „Elfenbeinsculptur im Besitze des Herrn R. S. in B. A. 1865" (wozu Antiqu. Mittheil. Heft XL p. 64 Anmerkung zu vergleichen ist).

Kaiseraugst.

34. Grabschrift der Radoara. (Tafel I).

HIC REQVIISCIT
RADOARA
INOX

Das Original, Kalkstein 0,12 m + 0,23 m, wurde 1840 zu Kaiseraugst gefunden und wird im Museum zu Basel aufbewahrt. Höhe der Buchstaben etwa 2, Entfernung der Zeilen 1 cm. — Abguss im Landesmuseum zu Zürich. Der Formator will die Beobachtung gemacht haben, dass der Stein längere Zeit im Feuer gelegen haben müsse (gef. Mittheilung des Herrn Prof. Dr. J. J. Bernoulli, dat. 30. Juni 1891). Vgl. folgende Nummer.

Ravenez in Schöpflius Als. ill. III (1851) p. 211 f., mit Abbildung pl. XIX. — Steiner, Cod. inscr. Rom. Dan. et Rhen. (1853) Nr. 87. — Mommsen (1854) 308 und Einl. p. XX. — Le Blant (1856) Nr. 362, Fig. 246. — Wilh. Vischer, kurzer Bericht über die f. d. Museum in Basel erworb. Schmid'sche Sammlung v. Altherth. a. Augst (1858) p. 13. — Steiner, Samml. und

Erklärung altchristl. Inschr. (1859) Nr. 109. — Becker, Jahrb. d. Vereins v. Alterthumsfreunden im Rheinlande XLI (1866) p. 155 f. — Meyer v. Knonau, Zürcher antiquar. Mittheil. XL (1876) p. 70 Note 1, mit Abbildung Taf. IV^2 Fig. 6. — Kraus I (1890) Nr. 8.

Die Formel *hic requiescit* ist in Gallien im 5. Jahrh. gebräuchlich, Le Blant préface p. VIII, manuel p. 22. Mit der Zeit wurden solche Formeln ähnlich wie die Briefeingänge erweitert und schwerfälliger, vgl. folgende Nummer und die Genfer Steine vom 6. Jahrh., oben Nr. 12—16. — Im Namen *Radoara* ist D retrograd geschrieben, wie auf Steinen bisweilen vorkommt, Kraus Nr. 178 aus Trier, Nr. 291 aus Köln. Deutsche Namen erscheinen in gallischen Inschriften seit dem ausgehenden 5. Jahrh., Le Blant, préface p. XXIII. Wackernagel, burgund. Sprache p. 345, nimmt Radoara für burgundisch. Aehnliche Namen sind *Berthoara* in einer Inschrift Fortunats vom 6. Jahrh., Le Blant 342, *Audoara* in einer St. Galler Urkunde von c. 820, Wartmann, Urkundenbuch Nr. 259, *Radog(isil)us* und *Radelindis*, NR. 52, 78. — *Inox*, häufig in christlichen Grabschriften, statt innox, innocens, erscheint in Gallien frühestens im 5. Jahrh., Le Blant 38, dann im 6., ebenda 39 und 417, und zu Anfang des 7., ebenda 397.

Der Stein ist nicht, wie Le Blant meldet, unter dem Haupt des Skelettes gefunden worden; er war auf den Deckel des Steinsarges gestellt (Meyer v. Knonau). So lag auch der Stein eines Presbyters Nonnus zu Boppard am Rhein auf dem Sarcophag, zu dem er gehörte, Le Blant NR. 70.

35. Grabschrift des Baudo(ald?)us.

= D M ✠ In hoc tumolo re(q)uiiscit bone (memor)iae Baudo(ald?)us qui rixit (pl. m.) annus LV· (e)t (obi)it quinto de(cimo k)l octo(br)is.

Das Original, mit dem vorigen gefunden, ist in Basel nicht mehr nachzuweisen (Mittheilung des Museums dat. 20. Oct. 1888, vgl. Mommsen p. XX). Kraus bezeichnet den Stein als weissen Marmor und gibt die Dimensionen 0,55 + 0,43 m.

Literatur wie bei voriger Nummer: Ravenez a. a. O., Steiner 86, Mommsen 307 und vorn p. XX, Le Blant 361 und Fig. 243, Vischer p. 25, Becker a. a. O., Meyer von Knonau p. 69, Kraus Nr. 7.

Die Abbildung nach Le Blant.

Die Formel D M = *Dis Manibus*, auch D M S = *Dis Manibus Sacrum*, den Schattengöttern geweiht, ist in heidnischen Grabschriften gebräuchlich, auch in solchen für Augst speziell nachgewiesen, vgl. die Abbildungen bei Meyer von Knonau, Tafel IV² Fig. 4 und 5. Auf christlichen Grabsteinen ist sie aus den Traditionen des Handwerks zu erklären, Ferd. Becker, die heidnische Weiheformel D. M. auf altchristlichen Grabsteinen (1881). Der Steinmetz verstand sie nicht mehr, wie die sinnlose Umstellung M S D zu zeigen scheint und schlagend die folgende Aufschrift auf dem Werkstattschild eines Steinhauers darthut: *D(is) M(anibus). Titulos scribendos vel si quid operis marmorari opus fuerit, hic habes.* Unser Stein aus Augst zeigt, dass die Formel sich lange erhielt. Sie kommt ungefähr ebenso spät, und ebenfalls mit beigesetztem Kreuz ✝, in einer Inschrift aus Grenoble vom 5./6. Jahrh. vor, Le Blant 470ᴮ. Das Kreuz erscheint in gallischen Epitaphien seit 448. — Die Eingangsformel *in hoc tumolo requiescit bonae memoriae* und verwandte sind in Gallien seit 492 nachzuweisen, Le Blant préface p. IX., manuel p. 23. Mit Vischer, der die Inschrift noch gesehen hat, lesen wir *memoriae*. Le Blant liest nach Ravenez die archaistische Form *memoriai*. — Der Name des Verstorbenen wird von Vischer *Baudoaldus*, von Mommsen *Baudolillus*, von Wackernagel *Baudmnallus* gelesen. Sicher sind nur die zwei ersten Silben. Aehnliche Formen sind *Baudulfu(s)* (welchen Namen Becker auch auf unserm Stein finden will) und *Baudegundis*, Le Blant 104, 637, 638. Deutsche Namen erscheinen in gallischen Inschriften seit Ende des 5. Jahrh., vgl. vorige Nummer. — *pl(us) m(inus)*, Formel zur ungefähren Altersangabe, ist in Gallien erst seit dem Jahr 511 nachgewiesen. Sie ist weit verbreitet; so kommt sie in Rätien vor, vgl. unten Nr. 37. — *Obiit*, nach Le Blant, während Mommsen *depositus* annimmt. In Rom ist depositus häufig; in Gallien kommt es nur einigemal vor, Le Blant zu Nr. 599, wogegen obiit in Gallien die häufigste Bezeichnung des Sterbens ist, ebenda préf. p. X, vgl. Nr. 467, nächstdem auch transiit. Diese beiden Ausdrücke begegnen uns in Genf, oben Nr. 12 und 13, auf zwei dem unsrigen ähnlichen, von 527 und 528 datirten Steinen aus Evian und Vienne, unten Nr. 40 und Le Blant 431.

Unsere Inschrift wird somit auf das 6. Jahrh. weisen, in das auch die übrigen Gräberfunde aus Augst führen. Jedenfalls weist die von Vischer p. 26 angeführte Merovingermünze auf späte Benutzung des Gräberfeldes hin. Unser Stein muss, da das Grab zwei weibliche Gerippe enthielt, hier zum zweitenmal verwendet worden sein, ohne Rücksicht auf den Mannsnamen, den er trägt. In dem Frauengrab lag die erwähnte Münze.

* * *

Die Alamannen von Kaiseraugst haben für ihre Gräber auch Steine mit grossen **Kreuzen**, aus dem feinen Sandstein erhaben ausgehauen, verwendet. Da sie das Zeichen gewiss wohl kannten, wird man an ihrem christlichen Bekenntniss nicht zweifeln, überhaupt annehmen dürfen, es sei hier das Christenthum ohne Unterbruch von der ältern auf die neue Bevölkerung übergegangen. Erwähnenswerth ist von den Augster Funden noch ein Knöpfchen mit dem **monogrammatischen Kreuz**, wie es in Gallien im 5. und in der ersten Hälfte des 6. Jahrh. vorkommt; es lag unter einem Schwertgriff in einem Steinsarg, vgl. die Publikationen von Vischer und Meyer v. Knonau.

Aus **Windisch** stammen Alterthümer mit dem meist christlichen Namen **Vitalis** (auch andern bei den Christen beliebten Namen), Mommsen 352.

Zürich.

36. Aufschrift eines Diptychons des Consuls Fl. Areobindus Dagalaiphus (Consul des Jahres 506).

Auf der vordern Tafel:

FL · AREOB · DACAL · AREOBINDVS · V̄ I ·

Auf der hintern Tafel:

EXC · SAC · STA ET M̄ M̄ · P OR · EXC · C · OR

= *(Lucius) Fl(avius) Areob(indus) Dagal(aiphus) Areobindus v(ir) i(llustris) exc(omes) sac(ri) sta(buli) et m(agister) m(ilitiae) p(er) or(ientem) exc(onsul) c(onsul) or(dinarius)*

Original im Museum zu Zürich.

Mit Rücksicht auf die Zeitstellung hier aufgenommen. Weiteres bei Mommsen Nr. 342₂ und seither bei S. Vögelin, das zürch. Dipt. des C. Areob., Mittheil. d. antiq. Gesellsch. XI[4], Zürich 1857; O. Benndorf, die Antiken von Zürich, ebenda XVII[7], Zürich 1872; Kraus, Inschr. d. Rheinlande I (1890) Nr. 9.

Chur.

37. Grabschrift des Bischofs Valentianus, datirt 548 n. Chr. (Tafel I).

```
         SCE              M              EPCS
     HOC IACIT IN TOMOLO QVEM DEFLEVIT
              RETICA TELLVS ·
         MAXIMA SVMMORVM GLORIA PON
                TIFECVM
     ABIECTIS QVI FVDIT OPES · NVDA
              TAQVE TEXIT
         AGMINA CAPTIVIS PRAEMIA LARGA
                FERENS ·
     EST PIETAS VICINA POLO · NEC FV
              NERIS ICTVM
         SENTIT · OVANS FACTIS QVI pETIT
              ASTRA BONIS ·
     HIS POLLENS TITVLIS VALENTIA
              NE · SACERDVS ·
         CREDERIS A CVNCTIS NON POTV
              ISSE MORI · QVI VIXIT IN HOC SAE
     C · ANN · PLˢ MN · LXX · DPS · SVB · D · ʒI · ID IAN
     SEPˢ P Cˢ BASI V C CS · IND · XI · PAVLINVS · NE
     POS IPSIVS HEC FIERI ORDINAVIT
```

Nach Aegidius Tschudi im Cod. s. Galli Nr. 609 p. 84, mit Einsetzung der aus dem abgebildeten Fragment sich ergebenden Correcturen, ferner der Conjectur pETIT bei Mommsen statt FETIT, endlich der grossen S in DEPS und CS statt der von Tschudi über der Zeile gegebenen kleinen, vgl. Vögelin p. 124 Note 2 in der unten citirten Schrift.

Das Original, ursprünglich in der Krypta der Kirche St. Luci zu Chur. Ein kleines Bruchstück, weiss Marmor, mit dem Anfang der drei Schlusszeilen, im Museum zu St. Gallen. Gefunden wurde das Fragment 1863/64 zu Mols am Walensee, wohin es aus Chur verschleppt worden sein muss. Herrn Karl Reichlin, Architekt in Brunnen, Ct. Schwyz, verdanke ich folgenden Bericht, dat. 11. November 1890: „In den Jahren 1863 und 64 erstellte ich in Mols den Bau der neuen Kirche und war während dieser Zeit im „Grünen Baum" bei Hrn. Franz Baumer im Quartier. Als ich eines Tages in einer Werkstätte auf der obern Seite des Hauses gegen den Pfarrhof zum Fenster hinausschaue, bemerke ich unter mir, auf dem Rand einer 4—5 Zoll breiten Hausmauer, eine Steinplatte, auf welcher lateinische Buchstaben sichtbar waren, welche nachher von unten untersucht, aber nicht viel entziffert werden konnten. Der Stein war c. 10—12 Zoll lang und 5—6 Zoll breit. Ich eröffnete meine Beobachtungen den Eigenthümern, welche diesen Theil Mauer erstellen liessen. Diese bemerkten, die Mauersteine seien von Gonz her zugeführt und eine Platte von den Maurern zertrümmert worden. Ich bemerkte ihnen gleichzeitig, diese Schrift könnte Alterthumswerth besitzen, und der Stein sollte besser aufgehoben werden. Später, als ich wieder einmal dort anwesend war, erkundigte ich mich wieder nach dem Objekt und erhielt folgende Auskunft: ein Herr Natsch von Mels, ehemals Lehrer, nun Alterthumsforscher, Bekannter von obigen Wirthsleuten, wurde benachrichtigt, untersuchte diesen Schriftstein und soll denselben fortgenommen und seiner Sammlung einverleibt haben. Man meldete mir zugleich, der Stein rühre von einem Grabmal eines Churer Bischofs her". — Bald wurde das Fragment, noch ohne Erklärung, publicirt, von Ferd. Keller und H. Meyer, im ersten Nachtrag zu Mommsens inscript. conf. Helv. lat., Mittheil. d. antiq. Gesellschaft in Zürich XV (1865) Nr. 45. — Hierauf gab der oben genannte J. A. Natsch in Mels die Erklärung, indem er das Bruchstück mit der Valentiansinschrift aus Chur in Verbindung brachte, Anzeiger f. Schweiz. Alterthk. XII (1866) p. 4 ff., mit (mangelhafter) Abbildung des Fragmentes. — Die erste genügende Abbildung, nach Photographie eines Abgusses im Landesmuseum, in meiner Kirchengeschichte der Schweiz etc. (1893) p. 45.

Nun die handschriftliche Ueberlieferung des vollständigen Textes. Darüber hat, wie bei den zwei folgenden Churer Inschriften, Vögelin in der unten erwähnten Schrift Klarheit gebracht und gezeigt, dass die Priorität nicht Stumpf sondern Tschudi gebührt. Wir folgen seinen Nachweisen, fügen aber auch die weitere Litteratur, die nicht ohne Interesse ist, hinzu.

Aegidius Tschudi gibt den Text der Valentiansinschrift in Cod. s. Galli Nr. 609 p. 84. Er hat ihn wahrscheinlich spätestens im Herbst 1536 nach dem Original copirt, zugleich corrigirt. In Cod. Tur. A 105 Fol. 1, geschrieben zwischen 1549 und 1565, fügt Tschudi bei: „Ein gar barbarisch Gedicht, doch mit süberlichen latinischen besten Buochstaben", sowie: „In marmore albo parieti infixo". Diese und die zwei folgenden Churer Inschriften scheinen die Curiensis ecclesiae monimenta antiquissima zu sein, die Tschudi 1536 an Beatus Rhenanus zur Einsicht sandte; sie mögen die frühesten Aufzeichnungen alter Inschriften gewesen sein, die Tschudi überhaupt fertigte.

Abhängig von Tschudi ist schon Johannes Stumpf, in der Handschrift Cod. Tur. L Fol. 47 etwa vom Jahr 1544, sowie in der Druckausgabe seiner Schweizerchronik von 1548. Dort, p. 91, hat er zwei kleine Abweichungen von Tschudi: IDIA Zeile 18 und HAEC Zeile 20; hier, Buch X 17

(2. Band Fol. 314ᵇ) nur noch die eine: HAEC. — Ein Jahr nach Stumpf spricht von unserer Inschrift Gaspar Bruschius, magni operis de omnibus Germaniae episcopatibus epitomes Tom. I (1549) Fol. 23. Er meldet, Valentian sei am 8. September in der zweiten Indiction (indictione 11) gestorben und zu St. Lucius in Chur begraben worden, laut einer ihm vom Nachfolger (sic) Paulinus gesetzten alten Inschrift in der Krypta der Kirche. Der gleiche Schriftsteller gedenkt der vetus cryptae inscriptio noch einmal in dem grossen Werk Monasteriorum Germaniae praecipuorum ac maxime illustrium centuria prima, Ingolstadii 1551 Fol. 119ᵇ. Den Wortlaut theilt er weder dort noch hier mit; doch scheint er, aus der von Tschudi abweichenden zweiten Indiction zu schliessen, eine eigene Quelle gehabt zu haben (er bringt auch eine weder von Tschudi noch Stumpf erwähnte Inschrift aus Kazis); übrigens ist die zweite Indiction falsch. — Ein weiterer Augenzeuge des Denkmals ist Ulrich Campell, historia Raetiae II c. 10, geschrieben vor 1579, herausgegeben von Placidus Plattner in den Quellen zur Schweizergeschichte VIII (1887) p. 94. Im Unterschied zu den beiden andern Churer Inschriften bezeichnet er die unsrige als zu seiner Zeit noch vorhanden. Dass er sie verglichen hat, ergibt sich aus der Lesung SEPᵃ P. Cᵢ.; das noch erhaltene Fragment liest so, während Tschudi und Stumpf die kleinen s weglassen. Im Uebrigen hält sich Campell freilich an Stumpf, mit folgenden vier „Verbesserungen" des Textes: DEFLET statt DEFLEVIT, PONTIFICVM statt PONTIFECVM, FERIT statt FETIT, SACERDOS statt SACERDVS. Auch bei den andern Churer Inschriften ist ihm Stumpf das Muster. — Dass der Stein noch vorhanden sei und sich im Kloster St. Lucii ob Bischof Valentians Grab befinde, bezeugt noch Joh. Guler von Weineck, Raetia (1616) Fol. 66ᵃ. Aber verglichen hat er das Original nicht. Er hat vielmehr geradezu den Stumpf'schen Holzschnitt durchgezeichnet und ihn durch die vier „Verbesserungen" Campells „berichtigt", wobei dann dessen Lesart FERIT selbst wieder in das vorständlichere PETIT corrigirt ist. — Auch Fortunat Sprecher, Pallas Rhaetica (1617) setzt das Original als noch vorhanden voraus (epitaphium cernitur), folgt aber schon seinem Zeitgenossen Guler, dessen vier Lesarten er aufnimmt. Einige weitere Abweichungen erscheinen als blosse Verderbnisse, wie der Bischofsname Valentinian statt Valentian und das sinnlose 75 vor IDIAN zeigen. — Von Sprecher hängt ab Gabriel Bucelinus OSB., Rhaetia sacra et profana etc., Ulm 1666 p. 116, zum Jahr 548 n. Chr. Das Original hat er weder erwähnt noch benutzt, dagegen bereits die Sprecher'sche Lesart IACET aufgenommen. — Hottinger, helvetische Kirchengeschichte I (1698 und 1738) p. 218, wohl nach Guler, citirt aber auch Bucelinus. — Eichhorn, episcopatus Curiensis (1797) p. 11, bezeugt bereits den Verlust des Steins und gibt den Text nach Tschudi, Gall. comat. p. 298. Er meldet: „lapis sepulchralis in canonica s. Lucii supra Curiam, qui modo interiisse creditur; quamvis enim anno 1787 cum rev. D. Nicolao s. Lucii abbate omnes coenobii angulos lustraverim, dictum tamen lapidem detegere non potui: forsan a caementariis profanatum hoc pignus antiquitatis, et muro inclusum." — Th. v. Mohr, Cod. dipl. Rätiae I (1848 ff.) Nr. 2 citirt Stumpf, Tschudi und Campell (mscr.) und nimmt an, diese haben das Original noch gesehen. — Mommsen (1854) Nr. 25 des Appendix p. 106, nach Stumpf. — W. v. Juvalt, Forschungen über die Feudalzeit im Curischen Rätien (Zürich 1871), Heft II, p. 69 ff. — Planta, das alte Rätien (1872) p. 278 Note, nach Mommsen. — S. Vögelin, Wer hat zuerst die römischen Inschriften in der Schweiz gesammelt und erklärt?, im Jahrbuch f. Schweiz. Geschichte XI (1886) Nr. 53 p. 120—125 und p. 134 (hier der Tschudi'sche Text). — Kraus, Inschriften der Rheinlande I (1890) Nr. 4, nach Mommsen.

Angemerkt sei noch, dass der rätische Dichter Simon Lemnius († 1550) die Churer Bischöfe anfzählt und auch die andern Churer Steine ausdrücklich erwähnt, aber gerade den unsrigen nicht, vgl. folgende Nummer und Anzeiger f. Schweiz. Geschichte VIII (1862) p. 69.

1. SCE M EPCS = *sanctae memoriae episcopus*. Hier und an andern Stellen (s. unten) zeigt sich die Verwandtschaft mit dem epigraphischen Styl von Como und andern oberitalienischen Städten; vgl. SCM EVTICIVS EPS, bei Gius. Bernasconi, le antiche lapidi cristiane di Como Nr. VII, auch ebenda Nr. I. An der Spitze von Epitaphien gewöhnlicher Personen ist BM = bonae memoriae in Oberitalien charakteristisch, wie zahlreiche Beispiele bei Bernasconi zeigen und Le Blant zu Nr. 457 und manuel p. 78 hervorhebt. Bei geistlichen Personen wurde SM = sanctae memoriae gebraucht, Le Blant zu Nr. 558. Einmal kommt sogar, in der Grabschrift eines Subdiacons, sante bone memoriae vor, NR. 131. Eichhorn lässt die Wahl zwischen sanctae memoriae und sanctae Mariae episcopus; er denkt an die Patronin der Churer Kirche. Seither ist diese zweite, aber unzulässige Lesart mit Vorliebe aufgenommen worden (vgl. Mohr, Natsch, Planta u. a.).

4. 5. *summus pontifex* heisst auch Bischof Marius von Lausanne in seiner Grabschrift, oben Nr. 21, ebenso Papst Gregor I., Piper, Zeitschr. f. Kirchengeschichte I (1877) p. 246, in der seinen. Dem römischen standen die andern Bischöfe noch gleich.

2—9. Die Ruhmestitel kehren ähnlich auf den Grabsteinen von Prälaten, auch von Privatpersonen, des 6. Jahrhunderts immer wieder. Den Armen zu geben und die Nackten zu bekleiden gebot schon die Bibel, und die schweren Zeiten gaben dazu vielfältigen Anlass. Besonders wird wie von Valentian von manchem Bischof gerühmt, wie grosse Opfer er gebracht habe, Gefangenen ihr Loos zu erleichtern und Christen aus den Händen der Feinde loszukaufen, wenn sie in Kriegsgefangenschaft gerathen waren. „Es gibt kein heiligeres Liebeswerk", sagt schon Ambrosius. Solchen Loskauf erwähnt unten eine Inschrift aus Evian, durch den Burgunderkönig Gudomar. Le Blant gibt weitere Ausführungen zu Nr. 543. Statt vieler Beispiele sei nur die Grabschrift des Bischofs Namatius von Vienne, ebenda Nr. 425, erwähnt, in der die Hülfe für Arme, Nackte und Gefangene mit den Worten gepriesen wird: *pauper laetus abit, nudus discessit opertus, captivus plaudit liber sese esse redemptum*. Aehnliches in der erwähnten Grabschrift Gregors I., in Grabschriften Fortunats u. s. w.

10—13. Dass Frömmigkeit und gute Werke den Himmel erwerben, sagen andere Epitaphien in ähnlichen Wendungen, z. B. Le Blant Nr. 636: *nam si pensentur morum pia gesta suorum, felix post tumulos possidet ille polos*, Nr. 637 ... *regna superna petit; pauperibus tribuens dives ad astra subit*, Nr. 649 *possidet ille polos*; speziell zu der Wendung (bezw. auch zu der Conjectur dabei) *qui petit astra* ist zu verweisen auf Gregors I. Grabschrift: *spiritus astra petit*. Vgl. auch die Grabschriften aus Agaunum, oben Nr. 4—7.

15. *sacerdos* für Bischof oft in ähnlichen Gedichten.

16. 17. Die Hoffnung auf Unsterblichkeit auch sonst wiederkehrend, so in Gregors Grabschrift: *leti nil jura nocebunt*.

17—20. *vixit in hoc saeculo annos* .... Ebenso im Styl von Como gebräuchlich. Dasselbe gilt von *pl(us) min(us)*, wozu oben Nr. 35 zu vergleichen ist, und für die Wendung *depositus sub diem*. — Das Datum ist zu lesen: *sub diem VII* (II = VI + I) *Idus Januarias, septies* (d. h. im 7. Jahre) *post consulatum Basilii viri clarissimi consulis* (d. h. nach 541), *indictione XI* = am 7. Januar 548 n. Chr. Tschudi gerieth wegen der zwei C auf das Jahr 741, Vögelin a. a. O. p. 121. Schon Bucelinus stellte die Inschrift richtig zum Jahr 548. Die Indiction stimmt genau zum Jahr, wie die Formel

Ind. = $\left(\frac{1+2}{15}\right)$ r ergibt, wenn für t die Zahl 548 gesetzt wird, Piper, Kirchenrechnung p. 19. Eine seltsame Lesung, in den Fussstapfen des alten Tschudi, bei Gelpke, aufgenommen selbst noch von Kraus. In der zweit- und drittletzten Zeile dreimal kleine Zeichen über der Zeile, die man für s wird nehmen müssen. Es kommen solche auch als blosse Trennungszeichen vor, Le Blant NR. 157, 173, 175, 181, dabei einmal I'L' wie in unserer Churer Inschrift. — *Nepos* wird vom Enkel gebraucht bei Le Blant Nr. 28 *avo nepos dedicavi;* Sidonius Appollinaris stellt hier das Grab des Grossvaters her. Ebenso Nr. 27, wo das Epitaph lange nach dem Tode gesetzt ist. Das Wort kommt aber seit Anfang des 5. Jahrh. auch im Sinne von Neffe vor, Le Blant Nr. 617. Mommsen nimmt eine spätere Abfassung des Titels an: ceterum ex ipso titulo apparet diu post annum 548 eum esse positum. Aehnlich Kraus, wobei das Datum aus einer ältern Grabschrift herübergenommen wäre. Aber metrische Epitaphien haben meist ein nichtmetrisches Datum nach sich, so das mehrfach erwähnte Gregors I., so bei Kraus selbst Nr. 153, wo die ganz ähnliche Wendung *qui vixit in saeculo annus plus menus* u. s. w.

38. Grabschrift des Urgrossvaters des Bischofs Victor und des Herrn Jactadus.

HIC · SVB ISTA LAPI
DEM · MARMOREA
QVEM · VECTOR ·
VER · INLVSTER · PRESES
ORDINABIT · VENIRE ·
DE · TRIENTO ·
HIC · REQVIESCIT....
CLARESIMVS....
PROAVVS ·
DOMNI · VECTORIS ·
EPI
ET · DOMNI · IACTaDI ·

IACTaDI; *ta* nachträglicher Einsatz Tschudis in die ursprüngliche Lücke.

Original verloren. Ulrich Campell, der in den Jahren 1570—1572 in Chur wirkte und seine historia Raetica im Jahr 1579 abschloss, klagt, der Stein, Marmor, sei mit einem ähnlichen (folgende Nummer) durch angebliche Italiäner superioribus hisce mensibus zerstört worden, p. 89.

Ueberliefert durch Aegidius Tschudi, Codex s. Galli Nr. 609 p. 84 mit der Bemerkung: (inscriptio) alia ad scalam (späterer Zusatz: criptae) in eodem (s. Lucii) monasterio (später: templo monasterii). Derselbe bezeugt in Codex Tur. A. 105 Fol. 1 den weissen Marmor und die Schönheit der Buchstaben, vgl. vorige Nummer.

Nach Tschudi, und buchstäblich gleich, gibt Johannes Stumpf im Codex Tur. L Fol. Nr. 47, p. 91 die Inschrift, während die gedruckte Schweizerchronik etwas abweicht, vgl. Vögelin in der citirten Untersuchung p. 126 f., 135, 125. — Dieses und des folgenden Steins gedenkt Simon Lemnius († 1550) in der Raeteïs V v. 40 ff. (Ausgabe von Placidus Plattner, Chur 1874, p. 81), einer Dichtung aus seiner letzten Zeit. — An den Stumpf'schen Druck X c. 17 (II Fol. 315) hält sich Campell a. a. O. — Franciscus Guillimannus, de rebus Helvetiorum libri V (Freiburg 1598) p. 421 folgt Tschudi, den er p. 67 citirt, verbessert jedoch das Latein. — Von Stumpf, dessen Holzschnitt auch hier nachgezeichnet ist, hängt Guler, Raetia (1616) Fol. 87ᵇ, ab. Er bezeichnet den Stein als an der Treppe an die Chormauer gelehnt und erweckt den Eindruck, als hätte er denselben noch gesehen: „Der Stein ... sich sehen lässt ..., der, so viel noch gelesen werden mag, also weiset (folgt die Inschrift, dann:) die Buchstaben dieser Grabschrift seind wol sauber gnuog, aber das Latein ist grob und barbarisch". So will Guler auch die Grabschrift unter folgender Nummer noch gesehen haben, trotz des angeführten Berichts von Campell. — Willkührliche Correcturen fügt Sprecher, Pallas Rhaetica (1617) p. 52, bei. — Hottinger, Helvet. Kirchengeschichte I (1698 und 1738) p. 286, wohl nach Guler. — Eichhorn, Episcopatus Curiensis (1797) p. 18, nach Tchudis Gallia comata p. 299. — Th. v. Mohr, Cod. dipl. Raetiae (1848 ff.) I Nr. 3, nach Stumpf, mit Citation von Campells Bemerkung über das Schicksal des Steins. — Mommsen (1854) Nr. 26 des Appendix p. 106, nach Stumpf. — Planta, das alte Rätien (1872) p. 263 Note 1, nach Mommsen. — W. v. Juvalt, Forschungen (1871) Heft II p. 69 ff. — Vögelin, in der bei vor. Nummer erwähnten Abhandlung (1886) p. 126 Nr. 54 und p. 135 oben (Tschudi). — Kraus, Inschr. d. Rheinlande I (1890) Nr. 2, nach Mommsen.

Tschudi bemerkt am Rand: omnes C sunt sic Ⅽ. W. v. Juvalt möchte in den sieben Ⅽ eine Andeutung der Zeit (700 n. Chr.) finden (?). Es fehlt der Name des Todten. Tschudi vermuthet in spätern Copien Victor oder Jactatus, sichtlich im Hinblick auf die beiden Namen am Schluss der Inschrift. Stumpf im Text der Chronik setzt Victor. — Zum Latein vgl. die folgende Nummer; hier *sub labidem*, dort *sub labide*. Auf einem späten Denkmal aus der Viennensis liest man: ✚ Theodovaldo labede non revolvatur, Le Blant NR. 264 (labede vielleicht auch in Nr. 265), wobei labede für den Accusativ labidem und dieser anstatt des Nominativs lapis zu nehmen sein soll, so dass es hiesse: Theodovaldi lapis non revolvatur. Eine karolingische Inschrift mit derselben Form des Wortes unten Nr. 44. — Im Uebrigen wird auf die nächste Nummer verwiesen.

39. Grabschrift eines Herrn ......

HIⅭ SVB ISTA LABIDE
MARMOREA
QVEM VEⅭTOR VER IN
LVSTER PRESES
ORDINABIT VENIRE
DE VENOSTES
HIⅭ REQVIESⅭET
DOMINVS

Das Original ist verloren.

Ueberliefert durch Aegidius Tschudi, gleich nach voriger Nummer, mit der Bemerkung: alia (inscriptio) literis maiusculis in marmore in cripta (monasterii s. Lucii). Die Majuskelschrift wird ausdrücklich erwähnt, weil Tschudi die Inschrift in Minuskeln schreibt. In der spätern Handschrift Cod. Tur. A. 105 Fol. 1 bezeugt Tschudi wie für die zwei andern Churer Steine den weissen Marmor und die schöne Schrift.

Dass Johannes Stumpf auch hier von Tschudi abhängig ist, zeigt Cod. Tur. L Fol., Nr. 47

p. 92. Der Text wird genau gleich, nur in Majuskeln, gegeben und doch Tschudis Bemerkung, dass es Majuskeln seien, beibehalten, vgl. Vögelin p. 127 ff., 135. Im Druck der Chronik X. 17 Fol. 315[b] ist lapide aus labide geworden und die Bemerkung eingeflossen, Graf Victor liege zu St. Lucins „beim grossen Altar" begraben. In der Handschrift gibt Stumpf runde, in der gedruckten Chronik, nach dem Muster voriger Nummer, eckige C. — Wie den vorigen erwähnt auch diesen Stein Simon Lemnius († 1550) in der Raetëis V, v. 40 ff. — Die bereits zerstörte Inschrift schreibt Campell, hist. Raet. p. 90, aus dem Stumpf'schen Druck ab (vor 1579). — Guillimann (1598) p. 421 folgt wie bei voriger Nummer Tschudi. — Guler (1616) p. 88 zeichnet auch hier den Stumpf'schen Holzschnitt nach und schreibt Stumpfs Angabe ab: „da man sein (des angeblichen Victors) Grabstein in der Kirchen bey dem grossen Altar noch sihet". — Sprecher (1617) p. 52 nach Stumpf bezw. nach Guler: prope magnum altare hoc legitur epitaphium. — Hottinger (1698 und 1738) p. 288 wohl nach Guler. — Th. v. Mohr (1848 ff.) Nr. 6 benutzt Stumpf, Tschudi und Campell. — Mommsen (1854) Nr. 27 des Appendix p. 106, nach Stumpf. — W. v. Juvalt (1871), 2. Heft p. 69 ff. — Planta (1872), nach Mommsen. — Vögelin (1886) Nr. 55 auf p. 127 f., p. 135 unten (der Tschudi'sche Text). — Kraus (1890) Nr. 3, nach Mommsen.

Zu *Venostes* erklärt schon Tschudi am Rand: Vinstgöw-Vennones. In Cod. Tig. A 105 f. 1 zeichnet er die Inschrift umrahmt. Er fasst sie als vollständig auf und versteht unter dem *dominus*, der hier begraben liege, eben den Vector inluster preses selbst, der den Marmor kommen liess. Der Vergleich mit voriger Nummer lehrt, dass hier ein Fragment vorliegt.

Diesen und den vorigen Grabstein hat derselbe *Vector ver inluster preses* setzen lassen. Wem der zweite gilt, bleibt unbekannt. Der erste ist gewidmet dem *proavus* (unbekannten Namens) zweier vornehmer Männer, des Herrn Bischofs *Victor* und des Herrn *Jactadus*. Mit diesen Namen wird man zusammenzuhalten haben, was Bischof Tello von Chur in seinem vom Jahr 766 datirten Testament an das Kloster Disentis, abgedruckt z. B. bei Eichhorn, Episc. Cur. cod. prob. Nr. II, von seiner Verwandtschaft meldet. Er vergabt zur Tilgung der eigenen wie der Sünden seiner Vorfahren und Verwandten, die er nennt, hoc est avi mei Jactati et aviae meae Salviae, et genitoris mei *Victoris vel illustris praesidis* et genitricis meae Teusindae, seu avuncnli mei Vigilii episcopi, et germanorum meorum Zacconis, Jactati et Vigilii, et nepotis mei Victoris, et germanae meae Salviae, seu nepotis meae Teusindae et Oddae.

Eines Churer Bischofs Victor als Gründers des Frauenklosters Cazis gedenkt eine Inschrift vom letztern Orte, die ich aber, ohne desshalb den Kern der Nachricht zu verwerfen, für jünger halte; vgl. die nachstehenden Ausführungen.

— 42 —

Aus Cazis unfern Thusis am Hinterrhein überliefern die meisten bei den Churer Monumenten genannten Schriftsteller folgende an die Stifter des Klosters erinnernde Inschrift, die jetzt verschwunden ist:

VICTOR EPISCOPVS CVRIENSIS VNA CVM MATRE
EVA FVNDATOR HVIVS MONASTERII ET CVM EA PA
SCHALIS EPISCOPVS CVRIENSIS GENITOR ET ANTE
CESSOR EIVS.

Der älteste Zeuge ist Bruschius (1549) Fol. 23ʰ: (Victor episcopus) terrae mandatus est in suo monasterio, in quo talis legitur inscriptio (folgt der Text). Mit den gleichen Worten berichtet dann Campell (gegen 1579), Druckausgabe p. 87, von der inscriptio Victoris episcopi ibi in suo monasterio terrae mandati, gibt aber noch Näheres, indem er beifügt: quae (inscriptio) in muro adyti seu Chori (quem dicunt) templi inter quasdam scitissime pictas icones ita adhuc clare perspicueque habet legiturque ad hunc modum u. s. w. Von Campell hangen die beiden folgenden und von diesen die weitern ab, Guler (1616) Fol. 87ᵃ: welche überschrift an der mauren des Kirchenchors, bey etlich schön gemaleten bildnussen, also lautet u. s. f., Sprecher (1617) p. 208: ut habet inscriptio vetus in choro ecclesiae ibidem super ejus tumulo in pariete picta, Bucelinus (1666) p. 158, Bruschius in dem andern Werk, chronologia monast. Germaniae (Sulzbaci 1682) p. 135, Hottinger (1698) p. 286, Eichhorn (1797) p. 18, v. Mohr I (1848) p. 8 Nr. 5, Planta (1872) p. 276 Note 2, Kraus I (1896) Nr. 1.

Diese Inschrift scheint erst dem ausgehenden Mittelalter anzugehören. Die Stiftskirche von Cazis, welche Bruschius und Campell voraussetzen, ist in den Jahren 1496—98 neu erbaut worden und 1768 in Folge Blitzschlages verbrannt, Näscheler Gotteshäuser I (1864) p. 96. Unter diesen Umständen wird man nicht an ein authentisches Document, sondern nur an eine aus alter Tradition geschöpfte Reminiscenz denken dürfen, die das Kloster im Neubau vom Ende des 15. Jahrhunderts anbringen liess, um sein hohes Alter und seine vornehme Stiftung zu feiern. Dem entspricht auch der Wortlaut der Inschrift. Würde diese aus alter Zeit stammen, so trüge sie einen andern Charakter; sie wäre z. B. im Styl der Dedicationsinschriften gehalten, welche die Zeit der Gründung, die Patrone des Gotteshauses und ähnliches angeben.

Für unsere Annahme spricht aber besonders die auffallende Bezeichnung des Bischofs Paschalis als *genitor* des Bischofs Victor. Diese Bezeichnung wird zurückweisen auf folgende Stelle eines Churer Bischofscatalogs, der einem Urbar vom Ende des XIV. Jahrhunderts beigegeben ist und die Familie der Stifter von Cazis beschlägt: Zacco fuit attavus Vigilii tribuni, cuius uxor sancta fuit cum nomine Episcopina. Illi ambo *genuerunt* Victorem episcopum memoratum, qui Casias construxit et cujus *spiritualis pater* Paschalis fuit episcopus. Der Vater des Bischofs Victor war also Vigilius tribunus, und Bischof Paschalis war sein Taufpathe. Aus dem Zeitwort genuerunt und dem Ausdruck spiritualis pater dieser handschriftlichen Nachricht mag der genitor der Inschrift entstanden sein. Die Inschrift ist also, wie man sieht, eine recht missliche Quelle, während die Handschrift, aus der sie schöpft, gerade wegen des einzelnen Zuges von dem spiritualis pater auf guter Ueberlieferung beruhen mag. Auf den Catalog hat zuerst von Juvalt hingewiesen, Anzeiger f. Schweiz. Gesch. und Alterthumsk. 1867 Nr. 4.

Aehnlich wie hier wird der Werth der Inschrift von Prof. G. Mayer in Chur beurtheilt, kathol. Schweizerblätter, N. F. VII (1891) p. 504 f. Er weist auf Sprecher hin, welcher die Inschrift als gemalt bezeichnet. In meiner Kirchengeschichte der Schweiz p. 70 Note 1 ist die Inschrift als geschichtliche Quelle verworfen (doch ist daselbst die Stelle „mit ihrem Sohne" zu corrigiren). Die weitere Geschichte des Klosters Cazis, auch abgesehen von der Notiz im Bischofscatalog, spricht allerdings für die Gründung desselben in vorkarolingischer Zeit.

Noch sei erwähnt, dass das Testament des Churer Bischofs Tello vom Jahr 766 Besitz des Klosters Disentis als anstossend *ad abbatissae* erwähnt (welche Aebtissin freilich nicht weiter bezeichnet wird). Aus dem 9. Jahrhundert stammt das Verzeichniss nomina sororum de Gaeges im St. Galler Verbrüderungsbuch, Ausgaben von E. Arbenz, St. Galler Mittheil. z. vaterl. Gesch. 19 (1884) p. 115, und von Paul Piper, monum. Germ. hist. 1884 p. 92.

Den Inschriften einheimischer Herkunft reihen wir noch eine vom savoyischen Ufer des Genfersees an, weil sie jetzt im Museum von Lausanne aufbewahrt wird:

Evian.

40. Grabschrift des Ebr(?)ovaccus, datirt 527 n. Chr. (Tafel II.)

```
In hoc tuMoLo REQ
uiescit bonae  MEMo
riae    EDRoVACCVS
qVI VIXIT ANNS XIII
ET MINSIS IIII
ET TRANSIIT X KL
SEPTEMBRIS
MAVVRTIo    VI
Ro CLR CoNSS
  SVB VNC CoNSS
BRANboBRICI RE
bIMTIoNEM A
bNMo GVbOMA
Ro REGE ACCE
PERVNT
      ✝
```

Das Original, vom Kirchhof des Klosters Saint-Offange bei Evian, trägt in Lausanne die Catalognummer 5081, wobei die Aufschrift: Allemand près de Meillerie. Gefunden 1855. Höhe 1,01, Breite 0,31 m. Buchstaben c. 2—3 cm. hoch und c. 1—2 cm. von einander entfernt.

Fr. de Gingins und K. L. Roth im Anzeiger f. Schweiz. Gesch. und Alterth. 1855 p. 48, 1856 p. 5 und 37, 1857 p. 10. — Le Blant, Nachträge Nr. 683. — C. J. L. XII (1888) Nr. 2584.

Ueber das Eingangsformular vgl. oben Nr. 35. Vom gleichen Jahr stammt eine auch stylistisch ähnliche Inschrift aus Narbonne, Le Blant préface p. XVI f. — Den Namen liest Roth *Onoraccus*; ihm folgen Wackernagel, burgund. Sprache p. 395, und Binding (s. unten). Vergleichung des Originals schien mir für die Conjectur Le Blants zu sprechen: *Ebroraccus (Broraccus?)*. Die Buchstaben sind ungleich gross, und es können die Reste der drei ersten wirklich die untern Züge der von ihm supponirten sein. Herr Professor Georg von Wyss erinnert dabei an Namen wie Eburodunum, Eburones. — Ueber *transiit* als Formel für das Sterben vgl. oben Nr. 35. — *Mavortius* ist Consul des Jahres 527. Die Verschreibung CŌNSS statt CŌNS auch sonst, Le Blant 394. — Das Latein *sub unc* statt hunc (für hoc) ist auf späten Steinen nicht auffallend. — Die Nachricht am Schluss ist nicht ganz klar. Ein Volk der *Brandobrici* ist sonst unbekannt. De Gingins erinnert an die Brannovices, Brannovii, Stämme des Häduerbundes, Caesar bell. Gall. 7, 75. Binding, Gesch. d. burgundisch-rom. Königreichs (1868) p. 262 ff., denkt sich die Brandobrici in eben der Gegend am Genfersee wohnhaft, wo der Stein gefunden wurde, und erklärt die Stelle der Inschrift dahin, diese Leute seien im Jahr 523 durch die Franken in Kriegsgefangenschaft geschleppt, dann aber durch ihren König Gudomar losgekauft worden, mit ihnen auch der auf dem Stein genannte Knabe. Als dieser dann bald starb, habe eine dankbare Seele das freudige Ereigniss des Loskaufs, zu Folge dessen der Knabe als Burgunder habe sterben können, auf dem Grabstein verewigt. Andere lassen die historische Thatsache aus dem Spiel und nehmen die Brandobrici als Feinde, in deren Hand der Knabe gefallen sei; ihnen also hätte der König Lösegeld für diesen bezahlt. Die Erklärung Bindings hält Herr Professor Georg von Wyss für die zutreffende. Es sei, sagt er, vor allem festzuhalten, dass der Autor der Inschrift nicht durch den Namen des Bestatteten, sondern nur durch die Jahrzahl veranlasst worden sei, den zweiten Theil beizufügen, wie der energische Anschluss sub hunc consule beweise. Er wolle an ein öffentliches Ereigniss von Bedeutung erinnern; gleichviel ob dieses Ereigniss den bestatteten Knaben betroffen habe oder nicht, so habe es die Brandobrici wichtig berührt. Unter diesen Leuten sei wohl eine Ortsbewohnerschaft zu verstehen, wahrscheinlich die des Ortes der Inschrift. Da nun den Urheber dieser letztern ein Motiv des Dankes zu seiner Aufzeichnung veranlasste, so werde unter der *redimtio* kaum bloss eine an die Brandobrici bezahlte Geldsumme, sondern ein wichtigerer Act, eine ihnen erwiesene Wohlthat, ein Loskauf zu verstehen sei. — Ueber den Loskauf von Gefangenen vgl. das ungefähr gleichzeitige Beispiel von c. 534 bei Le Blant Nr. 405; hier wird Bischof Domninus von Vienne gerühmt: *redimit quos possidet hostis*. Weiteres oben Nr. 37 aus Chur. — DNMO ist verschrieben statt DMNO = domno, domino. Vgl. auch die Abkürzung DNI, wofür ungewohnt DMI vorkommt, Le Blant NR. 230.

Ebenfalls von einer fremden, aber zweifelhaften und jetzt verschollenen Grabschrift handelt Kraus, Inschr. d. Rheinlande I Anhang Nr. 11. Sie soll im Jahr 1641 aus einer römischen Katakombe nach dem Kloster Muri im Aargau gebracht worden sein und dessen Schutzpatron gegolten haben. Der Wortlaut war angeblich LEONTI IN PACE.

Zwei Inschriften aus den Katakomben Roms im Antiquarium zu Zürich, Catalog II Nr. 2800 und 2802, vgl. 2801.

II.
Karolingische Zeit.

Sitten.

41. Aufschrift eines Reliquiars des Bischofs Altheus (von Sitten). (Tafel III.)

a)
✢ S̄CA MARIA   ✢ S̄CS IOHANNES

b)
✢ HANC CAPSAM DICATA IN HONORE SC̄E
MARIAE ALTHEVS EP̄S FIERI ROGAVIT

Original im Kirchenschatz der Kathedrale zu Sitten.

J. D. Blavignac, histoire de l'architecture sacrée dans les anciens évêchés de Genève etc. (1853) p. 134—139, Abbildung pl. XI und Atlas pl. XXIII, Fig. 3 und 4.

Reliquiar: a) Namen neben zwei Heiligenfiguren. b) Dedications-Inschrift in Relief auf der Bodenfläche.

Die Schrift im Charakter der karolingischen Zeit. Für die in dieser und in folgenden Inschriften vorkommenden Ligaturen und Buchstabenformen muss auf die Abbildungen der Tafeln verwiesen werden.

Der *Maria* war die Kathedrale von Sitten geweiht. Wie es von Bischof Vulfinus von Sitten um 900 heisst: multa bona beatae Mariae contulit, Gremaud, Walliser Urkunden Nr. 58, so haben wir in dem Reliquiar die Stiftung eines hundert Jahre früheren Sittener Bischofs für seine Kathedrale zu sehen. *Altheus* kommt als Bischof von Sitten und Abt von Saint-Maurice am Ende des 8. Jahrhunderts unter Karl dem Grossen vor, Gremaud Nr. 29, 30.

* * *

Die verlorene Grabschrift des bis in den Anfang Karls regierenden Abtbischofs Willicar erwähnt Branschen, Bischofscatalog vom Jahr 1576, mit den Worten: (Willicar) sepultus in eodem coenobio (sancti Mauricii), ut testatur *ejus epitaphium ibidem*. Gremaud Nr. 27 erinnert dabei an die für das Kloster verderblichen Bergstürze von 1582 und 1611, durch welche die Grabschrift vielleicht untergegangen sei.

Genf.

42. Grabschrift (Fragment) des Bischofs Ansegisus (c. 877). (Tafel III.)

```
        NON MERITIS PRECOR VT VI(?)....
        pRAEVALEAT PIETAS QV.......
        ET QVICVMQVE LEGIT IO........
        SIMQVE SVIS PRAECIBVS F.......
        ADSIT ALMIFICVS VICTO.......
        PERPETVIS VALEAM.....
              ANSEGISVS ERAM P.....
              SIS MEMOR IPSE MEI L(?)....
```

Das Original im Museum zu Genf. Gefunden in den Fundamenten der im 15. Jahrhundert abgebrochenen Kirche St. Victor.

Spon, hist. de Genève II (1730) p. 346. — Blavignac, hist. de l'archit. sacrée etc. (1853) p. 192, Atlas pl. XLI Fig. 3. — Fazy, catalogue du musée de Genève (1863) Nr. 33.

Schöne Schrift karolingischer Renaissance, mit Lücken zwischen den Buchstaben, wo der Stein uneben ist.

Ansegisus Generensis episcopus unterzeichnet im Jahr 877 auf dem Concil zu Ravenna. Er scheint um 882 den Optandus als Nachfolger gehabt zu haben. Régeste Genevois Nr. 99, 102—105. Einen ähnlichen Namen setzt die alte Genfer Grabschrift oben Nr. 16 voraus.

Die Inschrift kann der Schluss eines grössern Gedichts sein. — Soweit die nur halb erhaltenen Verse den Sinn erschliessen lassen, wendet sich der Bestattete an den Leser der Grabschrift um Fürbitte für sein Seelenheil, indem er sich wohl bewusst ist, dass Gottes Gnade es nicht auf eignes Verdienst, sondern auf frommen Sinn hin spendet; auch empfiehlt er sich dem h. Victor. Aus ähnlichen Bischofs-epitaphien dieser Zeit lässt sich besonders die Grabschrift Rabans von Mainz († 856) vergleichen. Der Erzbischof hat sie sich selbst gedichtet und sagt gegen den Schluss des ziemlich grossen Carmens (Kraus II 220):

> .... *nunc rogo te ex tumulo, frater dilecte, incundo*
> *commendes Christo me ut precibus domino*
> *iudicis aeterni me ut gratia salvet in aevum,*
> *non meritum aspiciens sed pietatis opus;*
> *Hraban nempe mihi nomen* ....

Somit mag in unserer Genfer Grabschrift Zeile 3 am Schluss *commendet* zu ergänzen sein. Die Anrufung des Lesers kommt derart in dieser Zeit sehr oft vor, vgl. andere Mainzer Epitaphien, Nr. 216 *inde precor titulum fratres hunc quoque legentes*, Nr. 219 (von Raban verfasst) *non spernas lector hunc titulum legere*, Nr. 225 *quaeso igitur fratri titulum qui legeris istum, dic requiem aeternam donet ei dominus*, und besonders die zwei folgenden aus Lausanne Nr. 45, 46. — Ueber *S. Victor* in Genf vgl. Régeste Genevois Nr. 74 zum Jahr c. 603, Nr. 141 und 150 zum Ende des 10. Jahrhunderts. — Die Schlussformel erinnert an den Briefstyl. Alcuin schliesst ein Schreiben an Bischof Remedius von Chur: *memor sis mei, sanctissime pater, obsecro.* Cod. dipl. Rätiae Nr. 12, 2. Anklingend ist auch der Schluss einer Mainzer Grabschrift vom Ende des 9. Jahrhunderts, Kraus Nr. 224: *sic memor esse velis*. Der

Schlussbuchstabe der letzten Zeile unseres Epitaphs kann L sein (zu ergänzen lector?) — Wechsel von eckigen und runden C, wie in der Windischer Inschrift Nr. 47.

Baulmes, Canton Waadt.

43. Grabschrift der Jungfrau Landoalda. (Tafel III.)

+ SVB TITOLO HVNC
QVIISCET LANDOALDA VIRGO
CVIVS ANIMA REQVIEM POS
SEDEAT AETERNAM AMEN
EGO GVNDERICVS PERE
GRINVS IN TERRA ALIENA FECIT

Das Original, früher der Sockel einer Kirchensäule zu Baulmes, befindet sich seit 1854 im Museum zu Lausanne. Die Kalksteinplatte ist ziemlich grösser als die Inschrift. Diese misst 53 + 38 cm. Die Buchstaben sind 3 bis 4 cm. hoch.

L. Vuillemin, der Canton Waadt (in den Gemälden der Schweiz) I p. 101 (mit der Lesart candida statt Landoalda). — (Ferdinand) K(eller) im Anzeiger I (1855) p. 8, 23 f., mit Facsimile. — E. Egli, ebenda (1891) p. 485 f.

Inschrift der karolingischen Epoche. Diese Zeit hat sich mir durch eine genaue Vergleichung vieler alter Denkmäler ergeben. Besonders erweist sich der Schriftcharakter dem der datirten gallischen Inschriften des 7. Jahrhunderts zwar noch als vielfach verwandt, ist aber auch bereits etwas entwickelter. Man beachte namentlich den vielfachen Wechsel verschiedener Formen für dieselben Buchstaben. Auch das Formular führt über die merovingische Zeit hinaus. Dieses Ergebniss bestätigt mir Herr Edmond Le Blant (Brief vom 2. November 1893) für diese und die nächstfolgende Nummer: „les deux inscriptions sont de l'époque Carolingienne".

Der Eingang *sub titolo hunc quiiscet* erinnert an einige Mainzer Grabschriften vom spätern 7. oder vom 8. Jahrh. (?), in denen wir lesen *in hunc titolo requiiscit, in hunc tumulo requiiscit*, Kraus, Inschr. d. Rheinlande I (1890) Nr. 36, 37, 40^b, 42, 43, 44, vgl. 58, 61, sowie an eine poetische Trierer Grabschrift mit der Wendung *sub hoc tumulo ossa quiescunt*, ebenda 174. — Die Bezeichnung der Bestatteten als *virgo* kommt inschriftlich zweimal in Marseille, vielleicht auch auf einem sehr rohen Denkmal der Belgica prima vor, Le Blant Nr. 550 und NR. 44, 211. — Die Wunschformel *cuius anima requiem possedeat aeternam* erinnert lebhaft an eine ähnliche am Schluss einer, auch im Schriftcharakter verwandten, Wormser Inschrift: *cuius anima gaudet in caelo*, Kraus Nr. 29 (hier zu früh angesetzt, von Le Blant nicht aufgenommen), sowie an die Wendung *requiescat anima*, aus Genf, oben Nr. 13. — Zu amen vgl. die Genfer Inschrift Nr. 13. — Der Zusatz *ego Gundericus peregrinus in terra aliena fecit* enthält, wie ich früher gezeigt habe, einen Anklang an die Bibel, oder an eine Stelle der Liturgie. Von dem nach Midian geflüchteten Moses heisst es 2. Mos. 2, 22: „Und Moses willigte ein, bei dem Manne zu bleiben. Und er gab dem Moses seine Tochter Zippora. Die gebar einen Sohn, und er hiess ihn Gersom (Fremdling); denn er sprach: Ich bin ein Fremdling geworden in einem fremden Lande".

Herr Le Blant stimmt mir zu und bemerkt, das Gefühl, das die Worte dictirt habe, erscheine wieder in einer wohl vom 6. Jahrhundert datirenden Grabschrift aus Cahors (Nr. 575 der gallischen Inschriften): *conditus hoc tumulo tegitur Gregorius exul, exulis et P(et)ri quem posuer(e) manus*. Wie hier von dem Verlust der irdischen Heimat (Hispania) die Rede ist, so wohl auch auf dem Epitaph aus Baulmes; nur kann das letztere zugleich den übertragenen Sinn voraussetzen: der durch den Verlust Verwaiste fühlt sich doppelt als Fremdling in dieser Welt und gibt diesem Gefühl auf dem Stein der ihm Entrissenen Ausdruck. — Willkommen ist mir für obige Erklärung Halevy's Nachricht bei Le Blant NR. p. 321, dass der jüdische Name Gersom einst durch *Peleger* (statt Pereger, peregrinus) übersetzt worden sei. Die Juden waren zu Zeiten genöthigt, ihre hebräischen Namen zu meiden.

Yverdon.

44. Grabschrift der Nonne Eufraxia. (Tafel III).

✠ IN DEI NOMEN FRAMBERTVS PONERE CVRA
VIT HVNC LABIDEM SVB QVO REQVIESCIT FAMO
LA DEI EVFRAXIA MONACHA

Das Original befindet sich im Vestibul des Stadthauses von Yverdon. Die Stadtbehörde daselbst hatte im Jahr 1890 auf mein Gesuch die Güte, der Schweizerischen Gesellschaft für Erhaltung vaterländischer Alterthümer einen Abguss zu verehren und zugleich von Herrn Professor E. Mottaz einen schriftlichen Bericht über die alten christlichen Monumente der Stadt einzuziehen, der mir in Copie zugestellt worden ist. Aus diesem Bericht erhebe ich das Wesentliche, den Fundbericht über vorliegendes Denkmal. Er lautet: „On lit dans les Mémoires du banneret Pierre de Pierrefleur p. 187: Entre autres édifices qu'ils firent — les seigneurs de Berne — ils mirent grand peine à reédifier le chasteau d'Yverdon, lequel estait tout vague et enfoudré, dont, pour la réparation du dit chasteau, furent menéez les pierres des autels de toutes les églises du dit bailliſage; aussi furent les grandes pierres des sépultures, et i celles furent mises à la cour estant au milieu du dit chasteau. — A celà, Crottet dans son histoire d'Yverdon, ajoute ceci, page 39 et 40: Un de ces blocs en marbre portant inscription et provenant sans doute de l'ancien cimetière, se trouvait enchassé dans le mur d'un boulevard qui longeait la petite rivière; lorsque plus tard ce dernier fut détruit, la pierre servit en 1810 à combler une brèche qui existait dans la muraille du château entre les deux tours du côté de la Plaine. C'est de là qu'elle a été retirée en 1825 pour être réunie aux autres pierres monumentales trouvées dans l'enceinte du Castrum.... L'inscription parait appartenir au VIIIe ou au IXe siècle. — Cette inscription est aussi rappelée dans le mémoire de Louis Rochat, sur les Antiquités d'Yverdon, paru dans les Mémoires des Antiquaires de Zurich, vol. 14 (1862) p. 88."

Ausser der soeben erwähnten Litteratur ist zu nennen Blavignac, histoire etc. (1853) p. 191, mit Abbildung im Atlas pl. XLI Fig. 2.

Der Stein ist wie der vorige ein Denkmal karolingischer Zeit, vgl. die Bemerkungen bei voriger Nummer.

Der Eingang *in dei nomen* (*dei* scheint hier, wie in der dritten Zeile deutlicher sichtbar ist, mit Querstrich über dem Worte versehen zu sein und doch das E innerhalb des D, mit dessen senkrechtem Strich verbunden, zu bieten) findet sich schon zu früherer Zeit in einer Inschrift aus Vienne IN DI N GEMOLANE, sowie in zwei von Le Blant bei Nr. 412^A dazu erwähnten andern Beispielen, ferner vielleicht NR. 126 ✝ INE (in nomine Dei?), weiter 247 ✝ *in Dei nomine ego* (vgl. 245^A). Aehnlich 254^A ✝ *Hic in nomeni Dni*, und Band I 621^a vom Ende des 7. Jahrhunderts ✝ IN XPI NE (d. h. in Christi nomine). Charakteristisch wird die Formel am Eingang karolingischer Urkunden, z. B. *ego igitur in Dei nomen Risinda (et) Wenilo tradimus res nostras* etc., vom 11. Mai 780, Nachtrag zum St. Galler Urkundenbuch, im Anzeiger 1873 p. 325. — Die Form *labidem* in zwei spätmerovingischen Churer Inschriften oben Nr. 38, 39; häufig ist diese Erweichung in Urkunden des 8. Jahrhunderts, so in der erwähnten aus St. Gallen inrumbere, dublum. — In *requiescit* ist das zweite E wie F geschnitten. — Die Bezeichnung *famula Dei* häufig und früh in Inschriften, Le Blant Nr. 58 aus Lyon, NR. 5, 126, 143 u. s. w. In Oberitalien ist famula Christi gebräuchlicher. — *Eufraxia* statt Euphrasia. Die Bollandisten erwähnen eine griechische Heilige Euphrasia oder Eupraxia für die Zeit Theodosius des Grossen zum 13. März, Fol. 260 ff., eine andere Euphrasia unter den Genossen des Märtyrers Theodotus von Ancyra im Anfang des 4. Jahrhunderts zum 18. Mai, Fol. 147 ff. Im 6. Jahrhundert ist der Name Eufrasia aus Vienne inschriftlich bezeugt, Le Blant Nr. 426, und laut gütigem Nachweis des Herrn Edmond Le Blant kommt unsere Form mit x schon in einer Inschrift des Museo Borbonico zu Neapel vor, vgl. Mommsen, inscriptiones regni Neapolitani latinae Nr. 7169:

EVFRAXI

A*e*

MERITAE.

Auch die männliche Form Eufrasius fehlt nicht, Le Blant Nr. 389, 398. — Die Nonne, im 5. Jahrhundert puella Dei und ähnlich, seit dem 6. religiosa, im 8. ancilla Dei, Deo dicata oder sacrata, heisst hier *monacha*. Beispiele für das 9. Jahrhundert und später geben die Lexica, auch die stattliche Inschrift bei Kraus, Tafel VII Fig. 10. Das früheste finde ich im Capitulare Pippins vom Jahr 755 c. 6, Boretius, Monum. Germ. leg. sect. II, 1 Nr. 14, wo neben monialis der Ausdruck monacha vorkommt.

Lausanne.

45. Grabschrift des Bischofs David von Lausanne (827—851).

HOC TVMVLO TEGITVR CRVDELI MORTE PERHEMPTVS
ANTISTES QVONDAM LAVSANNE NOMINE DAVID
QVI PROPRIVM PERIMENS HOMINEM IVGVLATVR ET IPSE
NAM PACIS STVDIO DVM NEVTRI FEDERA SERVAT
5 OCCVRRVNT SIBIMET STIPANTIBVS VNDIQVE TVRMIS
IMPVLSV RAPIDO ET NIMIO FERVENTE TVMVLTV
CONFLIGVNT GLADIIS PARITERQVE IN MORTE EVERTVNT
TVNC IGITVR STAGNO EXANGVIS PIGRAQVE PALVDE
EFFERTVR MODICO PEREGRINA AD LITTORA LIMBO
10 HEV LANIATA RIGENT GELIDA SVB GLAREA MEMBRA
NEMPE TVA TRISTIS LAPSVS MISERANDE SACERDOS
INPROVIDI EXICII EXEMPLO MEMORANDVS IN EVVM
VLTRO PRECIPITIS PROPERANS AD POCVLA MORTIS
INFVLA COMMACVLAT CVIVS VIOLATA DECOREM
15 ECCLESIE SANCTVS IVGVLIS DVM CARPITVR ORDO
O DOMINI O FRATRES PARITER GENVS OMNE PIORVM
ETAS CONDITIO SEXVS SVCCVRRITE CVNCTI
QVIPPE EIVS ANIMAM AVTH THATARVS IGNEVS VRAT
QVIN POTIVS DOMINVS RVTILA PIETATE BENIGNVS
20 EXEMPTVM FLAMMIS CELI REGIONE RECEPTET

Original nicht erhalten. Ueberliefert durch Cartularium Lausannense, a. a. O. p. 33, 34, unter dem Titel „Epythaphium Dauid Lau. episcopi".

Das Cartularium p. 33 enthält über Bischof David noch folgende Stelle aus älterer Quelle: Dauid Lausannensis episcopus ordinatus est anno ab incarnatione Domini DCCCXXVII, et tenuit episcopatum XXIIII annis, et fuit interfectus. Audiui a Conone sacerdote de Anes (Anet = Ins), quod Dauid episcopus interfectus fuit a Domino de Tegerfelt (Degerfelden), quod est iuxta Rifelt (Rheinfelden), et suis, in uilla de Anes iuxta riuum, qui currit per uillam, iuxta quemdam grossum lapidem, in quo sanguis apparuit per multos annos; et quidam homines dicti episcopi ipsum prodiderunt. Unde et uilla, unde ipsi erant, adhuc uocatur Treitun (Treiten, bei Anet). Vgl. noch eine Bemerkung des Cartulars zum Epitaph des folgenden Bischofs, Nr. 46.

Herrn Professor Georg von Wyss verdanke ich folgende Bemerkungen zum Cartular: „Unter Degerfelden ist das badische Dorf nahe bei Rheinfelden zu verstehen. Von demselben trägt schon im Jahre 1113 ein unter den Vasallen Herzog Bertolds III. von Zähringen erscheinender „dominus" (v. sacerdos Conradus) den Namen. Die Aussage des Cono sacerdos de Anes nun, die in das Cartular übergegangen ist, und die aus dem 11. oder vielleicht schon aus dem 10. Jahrhundert stammen kann, mag gar wohl auf einer in Anet (Ins) oder dem benachbarten „Traiten" fortlebenden Tradition über einen dort stattgefundenen Kampf *(occurrunt sibimet stipantibus undique turmis)* zwischen dem Bischof und seinen (welschen) Herren und Rittern einerseits und einer feindlichen (deutschen) Kriegerschaar, in der ein Degerfelder sich befand, anderseits, ihren Grund haben. Gerade der nationale Gegensatz wird hier, an der Gränze des deutschen und des welschen Landes, die Person und den Heimatsort (noch nicht förmlicher Familienname) des Mannes, von dessen Hand der Bischof fiel, im Gedächtniss der nachkommenden Geschlechter erhalten haben. Dass dazu auch die welsche Erklärung des Ortsnamens Treiten, die ihn mit *traitre* und *trahison* in Verbindung setzte (quidam homines dicti episcopi ipsum *prodiderunt*, sagt das Cartular), mitbeitragen konnte, ist klar. Es war übrigens Treitun nicht der Ort der That — diese fand ja in Anet statt — sondern nur der Ort der Herkunft der Genossen des Degerfelders".

46. Grabschrift des Bischofs Hartmann von Lausanne (851 bis c. 879).

```
  HOC IACET IN TVMVLO ARMANNI CORPVS FIDELIS
  QVI FVIT ANTISTES CLEMENS LAVSONNIS IN VRBE
  ARTIBVS OMNIGENIS CONVERSVS PECTORE LARGVS
  DOCTOR DOCTILEGVS DOCTORVM DOGMATE DOCTVS
5 CLEMENS ET CASTVS SOLLERS ET VALDE MODESTVS
  DESTRVCTIS OMNIBVS HIS LOCIS HICQVE MVTAVIT
  IN MELIVS VT VOS VIDETIS IN VISIBVS VESTRIS
  ERGO VIGENS TVMVLVM QVICVNQVE ASPEXERIS ISTVM
  FVNDE PRECES DOMINO PRO HOC ANTISTITE SVMMO
10 DONET EI DOMINVS REQVIEM SINE FINE PERHENNEM
  ET LVX PERPETVI SPLENDORIS FVLGEAT IPSI
  ALTIPOTENS DOMINVS QVI MVNDVM CONTINET OMNEM
```

Original nicht erhalten. Ueberliefert unter der Aufschrift „Epytaphium Armanni episcopi" im Cartularium Lausannense, a. a. O. p. 34. In deutsche Verse gebracht bei Gelpke a. a. O. p. 190.

Vor dem Epitaph sagt das Cartularium: Armannus Lausannensis episcopus fuit ordinatus die dominica II. Nonas Marcii luna XXV. anno ab incarnatione domini DCCCLI., et tenuit episcopatum XXVIII annis. Nach dem Epitaph steht: Eius facta plurima scripta erant in ueteri Kartulario, et Dauid predecessoris sui (vgl. vorige Nr. 45). Et fuit helemosinarius sancti Bernardi Montis Jounis (auf dem grossen St. Bernhard).

4. Vgl. die St. Galler-Inschrift unten Nr. 50: *claro qui totum docuerunt dogmate mundum*, ein ähnliches Wortspiel, ebenso Kraus II 222: *doctis doctior ille fuit*. Aehnliche Lobsprüche wie hier oft in drgl. Grabschriften des 9. Jahrhunderts, z. B. Kraus II 218.

5. 6. *destructis omnibus his locis*. Herr Prof. Georg von Wyss fragt, ob diese Nachricht auf Zerstörung durch eine Feuersbrunst gehe? oder durch ein Erdbeben? Der Bischof habe doch kaum omnia loca so zerstört? geschleift? Leider fehlen andere Nachrichten als die eben im Cartularium durch Mittheilung dieser Inschrift gegebenen. Gelpke, Kirchengesch. d. Schweiz II p. 190, überträgt den ersten Theil der Inschrift in deutsche Verse und lässt den Bischof „die alten schon morschen Gebäude" niederreissen, denkt somit nicht an eine Zerstörung durch elementare Gewalt. Eine grosse Feuersbrunst, die auch die Kathedrale einäscherte, wird aus Lausanne zum Anfang des 13. Jahrhunderts berichtet.

Windisch.

47. Weiheinschrift zu Ehren des h. Martin. (Tafel III.)

```
+ IN ONORE SC
MARTINI EPP
VRSINOS EB
ESCVBVS it δE
TIBALδVS + LIN
CVLIVS fICIT
```

Das Original an der Kirche zu Windisch, rechts von der südlichen Seitenthüre aussen gegen den Friedhof eingemauert, in neuerer Zeit durch eine Eisenthüre etwas gegen weiteres Verwittern geschützt. Gelbrother Jurakalk. Inschriftfläche 28 + 25 cm. Buchstaben 3—5 cm. hoch und etwa 1 cm. von einander entfernt.

Aegidius Tschudi, Cod. s. Galli Nr. 1083 p. 75, mit der Bemerkung: in eodem coemiterio (Vindonissae) in lapide quadrato latericio in pariete exteriori templi literis barbaris et idiomate. — Von ihm scheint (nach Vögelins früher erwähnter Untersuchung) auch bei dieser Inschrift Johannes Stumpf abzuhangen, sowohl im Cod. Turic. L Fol. 47 f. 103 vom Jahr 1544, wie dann in der gedruckten Chronik II f. 206 vom Jahr 1548. — Seither ist der Inschrift sehr oft gedacht worden, von Guillimann l c. 3, von Hottinger in der helvet. Kirchengeschichte I 234, von M. Gerbert, It. Aleman.[2] p. 20, von Fäsi, Erdbeschreibung der schweizer. Eidgenossenschaft I 637, von Neugart episcop. Constant. 1. 20, von Roth von Schreckenstein in der Zeitschr. f. Gesch. d. Oberrheins XIX. 264, in den Regesta episc. Constant. I (1886) Nr. 8, von Kraus, Inschriften der Rheinlande I (1890) Nr. 10. Nach dem Original ist der Text gegeben in m. Kirchengesch. d. Schweiz p. 128, mit Einsetzung von IT (vor Detibaldus) nach Tschudi.

Auch dieses Denkmal wird der karolingischen Zeit des 9. Jahrhunderts angehören. Man hat es bisher einstimmig dem Ende des 6. oder Anfang des 7. Jahrhunderts zugeschrieben; aber die Form der Buchstaben spricht für die viel spätere Zeit. So lautet das Urtheil des Herrn Edmond Le Blant, vgl. den Excurs über die Bisthümer Windisch und Constanz in meiner Kirchengesch. d. Schweiz (1893) p. 127 ff.

Aehnliche Weiheformulare hat man schon aus römischer Zeit, so zu Solothurn für einen Tempel und einen Altar, Mommsen Nr. 218 und 220; dort lautet der Eingang IN HONOR DOM | DIVIN APPOLLNI. Von christlichen Beispielen, deren Gallien mehrere bietet, sei ein älteres und ein späteres, nach Le Blant 389 und NR 281, hervorgehoben. Jenes, aus Grésy-sur-Aix, lautet:

```
+ EVFRASIVS PBR
IN HONORE SCI PETRI
APOSTOLI VOTO SVO FE
CET.
```

Dieses, auf einen Bischof von Périgueux vom Ende des 6. Jahrhunderts zu beziehen, ist nach Le Blant's scharfsinniger Erklärung zu lesen:

```
+ IN XPI NOMINE
SAFFARIVS EPS
DOMVM DI (Dei) EDEFicavit.
```

Unsere Windischer Weihetafel bietet eigentlich zwei Inschriften, in eine zusammengezogen, jede mit Kreuz im Anfang bezeichnet. Am Schluss scheint sogar der Schriftcharakter sich etwas zu ändern; namentlich sind, wie übrigens in Nr. 42 aus Genf, die runden C statt der eckigen im Anfang eingeführt. Man möchte vermuthen, der Name des Baumeisters L i n c u l f u s sei erst nachträglich zugelassen worden, so dass die anfänglich beabsichtigte Fassung nur die Namen der Erbauer, Bischof U r s i n u s und D e t i b a l d u s, enthalten und mit dem üblichen fieri jusserunt oder fieri fecerunt geschlossen hätte; durch Aufnahme eines weitern Mitbetheiligten kam dann die Verstümmelung bezw. Contraction heraus, dass das Prädicat f i c i t sich kurzweg auf drei Personen bezieht und den Auftrag zum Bau wie dessen Ausführung selbst in sich begreift. — Zum Latein der Inschrift ist zu erwähnen, dass die St. Galler Urkunden aus dem spätern 8. Jahrhundert wiederholt *in onore* statt in honore schreiben, Urkundenbuch Nr. 15, 22, 70, und dass ECP durch Umstellung der gewöhnlichen Abkürzung EPC für episcopus zu erklären ist (Piper); ferner erinnert die Form *ebesenbus* an ähnliche Uebergänge des Lateins iu die romanischen Sprachen; auch die Schreibung *it* statt et und *ficit* statt fecit fällt so spät nicht auf. — *Martinskirchen*, für Tours und andere Orte Galliens früh erwähnt, kommen in der Schweiz seit dem 8. Jahrhundert vor, 741 auf Lützelau, 766 zu Disentis, 795 zu Rohrbach, 817 zu Jonschwyl, 963 zu Maur. St. Martin war der angesehenste der gallischen Heiligen; von weither wallfahrtete man zu seinem Grabe, vgl. meine Kirchengeschichte der Schweiz p. 99 f. (wo auch ein antikes Mercurbild an der Kirche von Windisch erwähnt ist). — *Ursinos ebesenbus* ist nur aus unserer Inschrift bekannt. Windisch war einst Bischofssitz; man kennt aus dem 6. Jahrhundert die Namen der Bischöfe Bubulcus zum Jahr 517 und Grammatius zu den Jahren 535, 541 und 549. Da dieses Bisthum später verschwindet, ist die Ansicht aufgekommen, der Sitz sei nach Constanz verlegt worden, und es habe Ursinus von dort aus die Kirche am alten Orte neu erbauen lassen. Dagegen habe ich, zumal in Constanz erst im 8. Jahrhundert sicherer Boden beginnt, a. a. O. Excurs VI, die Vermuthung gewagt, Ursinus möchte nicht ein wirklicher Bischof, sondern ein chorepiscopus gewesen sein, wie es solche in den grossen Diöcesen des südlichen Deutschland bis zur Mitte des 10. Jahrhunderts gab. Eine Stütze gewinnt nun diese Annahme durch den Nachweis Mommsens in der Ausgabe der Notitia Galliarum, Monum. Germ. auct. antiq. IX (1892) p. 561, dass es nicht erst im 8. Jahrhundert (Hinschius, Kirchenrecht II 261 ff.), sondern schon seit dem Ausgang des römischen Reichs auch im Abendland Chorbischöfe gegeben hat. Sie sind die Bischöfe der castra, und als solches ist Windisch in der Notitia bezeichnet. Die Stelle bei Mommsen lautet: restant episcopi castrorum sive chorepiscopi numero sex, scilicet in Lugdunensi prima Cabillonensis, in Sequanis Vindonissensis, etc. Obwohl also Bubulcus von Windisch im Jahr 517 als Bischof einer civitas unterschreibt, war er doch blos ein Chorbischof. Warum der Sitz nach langer Stille im 9. Jahrhundert wieder auftaucht, und wie er sich zum Stuhl von Constanz gestellt hat, ist weiter unbekannt. Jedenfalls haben die Kirchengesetze des 9. Jahrhunderts die Abhängigkeit der Chorbischöfe von den Hauptbischöfen wiederholt betonen müssen. In den Wirren der spätern Karolingerzeit und bei dem Entstehen des neuburgundischen Reichs, das sich eine Zeit lang bis über Windisch hinaus erstreckte, wäre es nicht undenkbar, dass hier alte Reminiscenzen wieder erwacht wären und zu einer Erneuerung der einstigen Verhältnisse geführt hätten. In diesen Zusammenhang könnte dann die Ursinusinschrift gehören. Kommen wir freilich diesfalls über Vermuthungen nicht hinaus, so scheint sich doch die Annahme einer Uebertragung nach Constanz weniger zu empfehlen als die andere, der Sitz von Windisch sei eben mit der chorbischöflichen Würde selber im 10. Jahrhundert abgegangen; dass auch so noch lange die Erinnerung an die alte Bedeutung sich erhielt, zeigen die Acta Murensia, vgl. meine Kirchengeschichte der Schweiz p. 129. — *Lincuifus ficit.* Zur Illustration mag verwiesen werden auf Le Blant Nr. 573 ..... *Piso senatur artefex fecit.*

---

48. Bruchstück einer Inschrift.

...... ADMINISTRATVRIBVS
IT PREBOSITIS DVMI DEI VINDINISSE

Original nicht mehr nachweisbar.

Ueberliefert durch Trudp. Neugart, episcopatus Constantiensis I p. CXLVI cap. CCLXXXIV: „translata cathedra episcoporum, ecclesia Vindonissensis curae administratorum ac praepositorum suberat. Horum meminit vetus inscriptio perbenigne mecum communicata a. cl. Fr. Lud. Hallero, qui nec labori nec sumptibus hactenus pepercit, ut monumenta antiqua, in agro circumjacente forte latentia detegeret. Inscriptionis haec est summa .... Aut enim fallor aut ipsa sermonis barbaries, et litterarum absurda commutatio seculum VI atque adeo aevum Maximi, ultimi Vindonissensis et primi Constantiensis episcopi prodit, solliciti, ut sponsam desertam tum aequo clericorum numero, tum amplis reditibus et curatoribus diligentissimis solaretur, etc." — Von Neugart hangen die Folgenden ab, zuerst Ildef. von Arx, Gesch. d. Landgrafsch. Buchsgau (St. Gallen 1819) p. 27. — Dann Neujahrsblatt, der aargauischen Jugend geweiht von der Brugger Bezirksgesellsch. f. vaterl. Cultur 1827 p. 3. — X. Bronner, d. Kanton Aargau I (1844) p. 40 (mit der unrichtigen Bemerkung, Neugart habe die Inschrift aus Hallers Buch „Helvetien unter den Römern" entlehnt). — Gelpke II (1861) p. 253 (ungenau). Für die Litteraturnachweise bin ich Herrn Dr. K. Meisterhans in Solothurn zu Dank verpflichtet. — Kraus (1890) Nr. 11.

Obwohl Haller, auf den sich Neugart beruft, nicht ganz verlässlich ist, lässt der Wortlaut der Inschrift einen Verdacht gegen die Aechtheit nicht wohl zu (Prof. Georg von Wyss).

Administraturibus. Verwaltungsbeamte, besonders von Kirchenpfründen. Vgl. Du Cange, v° administratio: donatio sive necessariorum ad victum vestitumque suppeditatio; Annal. Bened. T. V. p. 678 col. 2: praebendas aliasque administrationes, prout ab antecessoribus nostris accepimus, in hoc libro, qui dicitur Viventium, fecimus adnotari. — *It,* statt et, vgl. vorige Nr. 32. — *prebositis,* vgl. oben Nr. 13. — *Dumi Dei.* Schon 1. Timoth. 3, 15 οἶκος Θεοῦ. In den Concilienacten auch bloss domus, Kirche, Gotteshaus, ferner Hospital, Kranken-, Waisen-, Pflegehaus, vgl. Brinckmeier. Im Hinblick auf Nr. 47, wonach die Kirche Windisch dem h. Martin geweiht war, wird man an die grosse Basilika dieses Heiligen in Tours erinnert, an welcher die Bezeichnung domus Dei inschriftlich angebracht war (ein anderes Beispiel ist in voriger Nummer erwähnt), zu Folge der Sitte, aus der Kirchweihliturgie das Wort Jacobs zu Bethel an Gotteshäusern anzuschreiben: quam terribilis locus iste, non est aliud nisi domus Dei et porta coeli, 1. Mos. 28, 17, vgl. Le Blant 177. — *Vindinisse.* Mommsen Nr. 245 vom Jahr 79 n. Chr. vicani Vindonissenses; Concilienacten von 517—549 civitas Vindonensis und ähnlich, immer mit o. Der tonlose Vocal kommt althochdeutsch in geschwächter Form als i und e vor (Dr. Schoch).

Zum Latein dieser Inschrift vgl. vorige Nr. 47, mit der sie zeitlich vielleicht zusammenzustellen, dann aber auch jünger ist, als Neugart und seine Nachfolger annehmen.

St. Gallen.

49. Aufschrift einer Reliquienkapsel.

EN CRVCIS ATQVE PIAE CVM SANCTIS CAPSA MARIAE
HANC KAROLVS SVMMAM DELEGIT HABERE CAPELLAM

Das Original ist nicht erhalten.

Die Inschrift ist überliefert durch Ekkeharti (IV) Casus s. Galli nach den Worten: erat munus illud capsa solide aurea, gemmis regaliter inclita, reliquiis summis referta, in formam capellae creata, cui simile quidem nihil unquam vidimus; superscriptio ejus est (folgt die Inschrift). Ausgabe von G. Meyer von Knonau, St. Galler Geschichtsquellen III, in den Mittheil. z. vaterl. Gesch., neue Folge, Heft 5 und 6, p. 36. — Wie es scheinen möchte, hat noch Vadian das Kleinod gesehen, da er in seiner Chronik der Aebte bemerkt: „und warend unden an dem Fuoss desselben capellis von dem goldschmid zwei verslein gestochen". Ausgabe der deutschen historischen Schriften Vadians von Götzinger (1875) I p. 179.

Erste Publication bei Canisius-Basnage, lectiones antiquae II, 3 p. 231, neueste bei Kraus, Inschriften der Rheinlande II (1802) Nr. 32.

Gemäss Vers 1 bemerkt Vadian: „In diser capsen lige heiltuom vom heilgen creuz, von unser frowen und andern heiligen mer". — Unter *Karolus* wird eher als Karl der Grosse der dritte dieses Namens († 888) zu verstehen sein, Meyer von Knonau Note 136. Ein Reliquiar aus Karls des Grossen Zeit befindet sich noch in Sitten, oben Nr. 41; seine Aufschrift ist aber nicht metrisch. Eine ähnliche Capsa derselben Zeit erwähnt Angelo Mai aus Clermont, Script. vet. nova coll. V (1831) p. 50, wo er unsere St. Galler Inschrift aus Canisius abdruckt.

* * *

Aus der Blüthezeit des Klosters St. Gallen sind eine Reihe Verse überliefert, die den Charakter von Inschriften tragen, aber grossentheils nicht oder nicht sicher als solche zur Verwendung gekommen sind. Schon der Bauriss des Klosters von 820 enthält deren eine grosse Zahl, und eine weitere reiche Sammlung vom 9. und den folgenden Jahrhunderten gibt Kraus a. a. O. Nr. 16—45. Ich glaube mich hier auf die unter folgender Nummer gegebene, zusammengehörende und auch beisammen überlieferte Reihe beschränken zu sollen, als auf wirkliche Inschriften spätkarolingischer Zeit.

50. Inschriften aus den Neubauten des Abtes Grimold (843—872), vollendet von Abt Hartmut (872 — nach 895).

I. Aus der Pfalz (Abtwohnung).

a.

SPLENDIDA MARMOREIS ORNATA EST AVLA COLVMNIS
QVAM GRIMOLDVS OVANS FIRMO FVNDAMINE STRVXIT
ORNAVIT COLVIT HLVDEWICI PRINCIPIS ALMI
TEMPORIBVS MVLTOS LAETVS FELICITER ANNOS

b)

AVLA PALATINIS PERFECTA EST ISTA MAGISTRIS
INSVLA PICTORES TRANSMISERAT AVGIA CLARA

II. Aus der Capelle des h. Otmar.

c)

HIC DEVS EST PRAESENS PVRO POSCENTIBVS ORE
DANS MISERIS VENIAM CONTRITIS CORDE MEDELAM

d)

AGMINA SANCTORVM LAVDANTIA VOCE SERENA
ANTE THRONVM DOMINI SISTVNT PER SAECVLA CVNCTA

e)

O GENEROSA PARENS CVNTIS GRATISSIMA DOCTIS
O DECVS IMPERII RECTRIX DIGNISSIMA MVNDI
SOLE SPLENDIDIOR FVLVO PRECIOSIOR AVRO
QVAM PRAECLARA NITES TOTO SAPIENTIA MVNDO

f)

ASPICE QVAM PVLCHRO DECORATA EST ORDINE MATER
NATARVM CLARE DIVES SAPIENTIA FVLGENS

g)

CONTINET HIC PARIES VETERVM MONIMENTA SOPHORVM
CLARO QVI TOTVM DOCVERVNT DOGMATE MVNDVM

h)

HIC MANET INTERIVS DIVINE LEGIS AMATOR
GRIMOLDVS HVMILIS TEMPLVM HOC QVI CONDERE IVSSIT

Die Originale sind wie die Bauten, denen sie zum Schmucke dienten, längst untergegangen.
Ueberliefert sind die Verse durch Codex 397 p. 50 der Stiftsbibliothek St. Gallen. — Aus diesem hat sie Vadian († 1551) metrisch übersetzt, nach Götzingers Ausgabe seiner deutschen historischen Schriften I p. 162 wie folgt:

a)

Wie zierlich ist dieser palast Von marmelsteinen seulen gfasst,
Den herr Grimwald sighafter tat Von neuwem aufgebawen hat,
Darin gewont vil sälger jar, Do Ludwig fürst und könig war.

b)

Der saal ist (von) den pfalzmeistern gmacht,
Von Ouw hat man die maler bracht.

c)

Hie Gott allwäg zugägen ist Und bgnadet ouch zu aller frist,
Die in mit reinen läfzen schon Und brochnen herzen ruofend an.

d)

Die schaar der sälgen stellt sich da Vor Gottes thron und lobet ja
Iro herren Gott mit stimmen gleich, Wie in jetzt lobt das ewig reich.

e f)

O weisheit edel und hochgeborn, Bei alten glerten ausserkorn,
Ein zierd des reichs und gwalt der erd, Kein gold ist deiner ceren werth;
Der sonnenglanz wird nit gezelt, So klarlich scheinst in aller welt.
Nim war, was schönen Kinder ie Die weisheit hat geboren hie;
Mit früchten ist die muter ziert, Die's richtumb aller tugend füert.

g)

An diser wand stond siben weise';
Ir leere gibt der welt den preiss.

h)

Hie ligt der from demueetig man, Der Gotes gsatz gar lieb hat ghan,
Grimwald, und der mit seinem rat Diss kirchen so gezieret hat.

Gedruckt findet man die Verse zuerst bei Canisius a. a. O. p. 227 f., neuerdings der Reihe nach bei Dümmler, St. Gallische Denkmale aus der karolingischen Zeit, Zürcher Antiquar. Mittheil. XII (1859) p. 213 f., sowie unter den Nummern 23, 27 und 36 bei Kraus a. a. O., wo auch die weitern Litteraturangaben zu finden sind.

Abt Gozbert (816—c. 837) hat den grossartigen Neubau des Klosters St. Gallen unternommen, aber nicht vollendet. Sein zweiter Nachfolger Grimold fügte zwei weitere Bauten hinzu, die Abtwohnung oder Pfalz (aula) und die Kirche des h. Otmar, welche beide aber erst nach Grimolds Tode unter Abt Hartmut zum Abschluss gelangten (nach 872). In diese letztere Zeit gehören auch obige Inschriften. Von der Otmarskirche meldet der gleichzeitige Klosterchronist Ratpert c. 27 ausdrücklich: quae basilica etiam post tempora Grimaldi ab Hartmoto abbate, ita ut hodie videtur, aucta est atque constructa, tumba videlicet et altari plenius decoratis. Das letzte der obigen Gedichtchen (h) ist die Grabschrift, die Hartmut dem Vorgänger setzen liess; das erste (c) bezieht sich auf den Eingang zum Gotteshause, die andern (d—g) auf Gemälde im Innern an den Wänden, darstellend die Schaaren der Heiligen, die Weisheit und die Weisen. Dass auch die Pfalz erst jetzt vollendet und mit Inschriften geschmückt ward, wird man aus den ihr geltenden zwei Gedichtchen schliessen dürfen, von denen das erste (a) mehr die Anfänge der Baute im Auge hat und von den vielen Jahren Grimolds wie von den Zeiten des Königs Ludwig als von einer vergangenen Epoche redet, während das zweite (b) die Vollendung durch die Hofbaumeister und die Maler aus Reichenau sichtlich als ein Eignes und Späteres davon unterscheidet. Da man die Pfalz kurzweg als Grimolds Werk zu bezeichnen pflegt, glaube ich auf diese spätere Zeit des Abschlusses hinweisen zu sollen. Die Pfalzinschriften sind auch mit denen der, erst nach Grimold vollendeten, Otmarscapelle zusammen überliefert. Ueber die Bauten in St. Gallen vgl. Ratpert casus s. Galli, Ausgabe von Meyer von Knonau, St. Galler Geschichtsquellen II, p. 38, 49, 51; dazu Keller, Bauriss des Klosters vom Jahr 820 p. 13, und Dümmler a. a. O. p. 252 f.

Im Einzelnen mögen wenige Bemerkungen zu den Inschriften der Otmarskirche genügen. Aehnlichen Inschriftenschmuck hatte schon die Martinsbasilica zu Tours. Diese Inschriften waren weit berühmt und mögen anderwärts der entsprechenden Sitte solchen Schmuckes Vorschub geleistet haben.

Gerne benutzte man bei Kirchweihen und zu Inschriften in Kirchen die Worte aus dem Traum Jacobs: *quam metuendus est locus . . . . hic Deus est* etc. Daher am Grabe des h. Martin mit Bezug auf den Heiligen: *hic totus est praesens manifestus omni gratia virtutum*, und einfacher in unserer Eingangsinschrift *(c)*: *hic Deus est praesens*. Weiteres über die Inschriften in den Basiliken bei Le Blant, préface p. CVI und Nr. 170—185, und oben Nr. 47. — Die dem Eintretenden gegebene Erinnerung, reiner Mund und zerknirschtes Herz finde Gottes Gnade, kehrt ähnlich wieder in der Legende Felix und Regula. Wie am Grabe Otmars so findet an dem der Zürcher Märtyrer nur gläubiges Gebet Erhörung. — Das Wortspiel *(g) docuerunt dogmate* erinnert an ein ähnliches in der Inschrift eines gleichzeitigen Lausanner Bischofs: *doctor doctilegus doctorum dogmate doctus*, oben Nr. 46. — Wie Grimold als *divine legis amator* bezeichnet wird *(h)*, so im 5. Jahrhundert Bischof Hilarius von Arles auf seinem Sarcophag als *sacrosanctae legis antistes*, Le Blant Nr. 515. Die demüthigen Prädicate *humilis, exiguus* u. dgl. finden sich in derartigen Inschriften und sonst schon früh und häufig, vgl. meine Kirchengesch. d. Schweiz p. 68 Note 2.

Zur karolingischen Zeit gehört der Bericht Bullingers in seiner Chronik 6, 13 über den Sarg der *Zürcher Märtyrer Felix und Regula* in der Abteikirche *Fraumünster*, mit der Bemerkung: „darin lag Bischoff Gebharts (von Constanz) Zügnuss *in ply geschriben*, damit er züget, das er die kylchen gewycht und das heiligthumm dahin gelegt hätte." Näheres über die Zürcher Kirchweihe bei G. v. Wyss, Geschichte der Abtei Zürich, Antiquar. Mittheil. VIII, Einleitung p. 17 f., Beilagen p. 11 f. Nach Hauck, Kirchengeschichte Deutschlands II p. 722, ist Bischof Gebhard I. am 18. April 875, sein Vorgänger Patacho am 4. Dezember 873 gestorben. Danach wäre die Zeit der Kirchweihe, welche v. Wyss zwischen die Jahre 871—76 setzt, näher auf 11. September 874 zu bestimmen.

Orts-Verzeichniss.

(Inschriften karolingischer Zeit mit *cursiven* Zahlen).

Augst 34. 35.
Avenches 22. 23.
Basel 33.
Baulmes *43*.
Bel-Air 29. 30.
[Cazis 39 Anmerkung].
Chur 37. 38. 39.
Crissier 28 b.
Daillens 25. 26.
(Evian, Savoyen) 40.
St. Gallen *49*. *50 a—h*.
Genf 9. 10. 11. 12. 13. 14. 15. 16. 17. 18. 19. 20. (20 und 28 Anmerkung). *42*.
Géronde 2. 3.

Grenchen 32.
Hohberg 31.
(La Balme, Savoyen) 28 Anmerkung.
Lausanne 21. (40). *45*. *46*.
S. Maurice 4. 5. 6. 7. 8. *41 Anmerkung*.
Montgifi 27.
(Muri 40 Anmerkung).
(Prigny 20 Anmerkung).
Sitten 1. *41*.
Vandallaz 24.
Windisch 35 Anmerkung. *47*. *48*.
Yverdon 32 Anmerkung. *44*.
Zürich (3). 36. 40 Anmerkung. *50 Anmerkung*.

Datirungen.

377 n. Chr.   Domino nostro Gratiano quartum et Merobaude consulibus, Nr. 1.
504 ff. ?   indictione XII(1?) post consulatum Cettegi(?), Nr. 12.
516   consule Petro, Nr. 4.
527   Mavurtio viro clarissimo consule, Nr. 40.
548   septies post consulatum Basilii viri clarissimi consulis indictione XI, Nr. 37.

Eigennamen,

welche in den Inschriften genannt werden.
(Die der karolingischen Zeit *cursiv*).

Achivus abba 6.
Adelfina (?) 12.
Aegioldus praepositus et presb. 13.
Agaunum 4. 7.
Althens episc. 41.
Ambrosius abbas 5.
Ansegisus episc. 42.
Areobindus consul 36.
Armannus episc. 16.
Augia insula 50 b.

Basilius consul 37.
Bando . . . . us 35.
Brandobrici 40.

Cettegus (consul) 12.

Daidius 25.
Daniel (propheta) 24. 25.
David episc. 45.
Detibaldus 47.

(Ebr?)ovaccus 40.
Ello 8.
Eufraxia monacha 44.

Fl. Areob. Dagalaiphus, s. Areobindus.
Frambertus 44.

(*Gebhart episc.*) 50 Anmerkung.
. . . . gisus 16.
Graifarius 3.
Gratianus dominus 1.
Grimoldus (abbas) 50 a. b.

Gudomar rex 49.
Gundericus 43.
(Gund)obadus rex 11.

Hartmann s. Armannus.
Hludewicus princeps 50 a.
Hymnemodus abba 4.

Jactadus dominus 38.
Johannes sanctus 11.

Karolus (rex) 49.

Landoalda virgo 43.
Lantsanna(onna) 45. 46.
(Leontius) 40 Anmerkung.
Lineulfus 47.
Ludwig s. Hludewicus.

Maria sancta 41. 49.
Marius episc. 21.
Martinus sanctus episc. 47.
Mauricius sanctus 8.
Mavurtius consul 40.
Merobaudes consul 1.

Nasualdus Nansa 24.
Nordoalaus 8.

(Paschalis episc.) 39 Anmerkung.
Paulinus 37.
Petrus consul 4.
Pontius Asclepiodotus praetor 1.
Probus (presb.) 6. 7.

Radoara 34.

Ragnerius? 29.
Reichenau s. Augia.
Renatus? 31.
Retica tellus 37.
Rihlindis 8.
RufiusAchiliusSividius,s.Sividius.

Savina? 20.
Sigdunus? Sigudunus? 30.
Sividius consul 2.

Teudericus presb. 8.
Tranquillus abbas 7.
Trientum 38.

Undiho 8.
Ursinus episc. 47.
Ursolus 15.

Valentianus episc. 37.
Valentinianus dominus 9.
Venostes 39.
Veranus? 31.
Verena? 31.
Victor episc. 38. (39 Anhang).
Victor martyr 5.
Victor praeses 38. 39.
(Vitalis) 20 und 35 Anmerkung.
Vindinisse 48.

Willicarus (episc.) 41 Anmerkg.
Windisch s. Vindinisse.

Sach-Register.

abba 4. 6.
Acclamationen 3. 22. 23. 24.
Adelige Abstammung 21.
administratores 48.
Aemter, s. abba, administratores, comes, consul, episcopus, exconsul, expraefectus, magister militiae, patricius, pontifex, praefectus, praeses, praetor, presbyter, rex.
Akrostichon 6.
amen 8. 13. 43.
Annalistische Notiz 40.
antistes 45. 46. S. episcopus.
Apostel 20 Anmerkg.
Ascese 6. 7. 21.
augusta 33.
angustae aedes 1.
angustus 1. 9.
aula 50 a. b.
Aussatz 7.

Bauinschrift 1. 10 ? 11. 50 a—b.
Baum 20 Anmerkg.
(Bleininschrift) 50 Anmerkg.
bonae memoriae 12. 13. 14. 15? 16. 35. 40.
Briefstyl 42.

castus 6. 21. 46.
clarissimus 2. 37. 38.
clementissimus 11.
comes sacri stabuli 36.
consul 2. 12. 36. 37. 40.
corpore requiescit 4. 7.
cuius anima requiem possedeat aeternam 43.

Daniel, der Prophet 24. 25.
dedicavit 1. (50 Anmerkung).
depositus sub die 37.

devotione vigens 1.
discus 9.
Dis Manibus 35.
Diptychon 2. 33. 36.
dominus 1. 9. 38. 39. 40.
domus Dei 48.

Einzug in Jerusalem? 28ᵇ Anhang.
episcopus 37. 38. 41 47. S. antistes, pontifex.
excomes s. comes.
exconsul 36.
expraefectus 2.

fabricare 8.
famula Dei 44.
fecerunt, fecit 8. 43. 47.
fieri iussit, ordinavit, rogavit 8. 37. 41.
Fisch, 20 Anmerkg.
Fragment 10. 14. 15. 16. 17. 39. 48.

Gemälde-Inschriften (39 Anhang ?) 50 d-g.
Glasgefäss 22. 23.
Grab, s. lapis, titulus, tumulus.
Grabschriften 4. 5. 6. 7. 12. 13. 14. 15. 16. 17. 18? 21. 34. 35. 37. 38. 40. (41 Anmerkg.) 42. 43. 44. 45. 46. 50 h.
Formular:
  amen 8. 13. 43.
  corpore requiescit 4. 7.
  depositus sub die 37.
  Dis Manibus 35.
  hic iacet in tumulo 37.
  hic requiescit 34.
  hic requiescit in pace bonae memoriae 12. 13. 14. 15? 16.
  hic sub ista labide .... hic requiescit 38. 39.
  in dei nomen 44.
  in hoc tumulo requiescit bonae memoriae 35. 40.
  inox 34.
  obiit 4. 7. 13. 35?
  plus minus 35. 37.
  requiescat in pace 13.
  requiescat anima? 16. (43).
  requiem possedeat anima aeternam 43.
  sanctae memoriae, am Kopf einer Inschrift 37.
  sepultus 37.
  sis mei memor 42.
  transiit 12. 40.
  vixit 12. 14. 15. 35. 37. 40.
  vixit in hoc saeculo 37.
Gurtschnalle 24. 25. 26. 27. 28 a. 28 b.

Handarbeit 21.
heros 6.
hic iacet in tumulo 37.
hic requiescit 34.
hic requiescit in pace bonae memoriae 12. 13. 14. 15? 16.
hic sub ista labide .... hic requiescit 38. 39.

in dei nomen 44.
Indiction 12. 37.
inlustris 2. 36. 38. 39.
in hoc tumulo requiescit bonae memoriae 35. 40.
in honore 41. 47.
inox 34.
in pace 12. 13. 14. 15? 16.

Katakomben 40 Anhang.
Kirchenschmuck 5. 21. 50.
(Kirchweihe) 50 Anmerkung.
Kreuz ✝ 3. 20 Anmerkg. 24. 25.
32 Anmerkg. 33. 35. 40. 41.
43. 44. 47.

Lampen 20 Anmerkg.
lapis 38. 39. 44.
largitas 9.
Leprosen 7.

magister militiae 36.
Malerei 50.
martyres 5.
monacha 44.
Monogramm 19. 20. 29. 30. 31.
32? 35 Anmerkg.
Monogramm Christi 1. 10. 32
Anmerkg. 35 Anmerkung.

nepos 37.

obiit 4. 7. 13. 35?
Oeffentliche Inschriften 1. 10?
11. 47. 48. 50.
Formular:
dedicavit 1.
devotione vigens 1.
in honore 47.
ordinavit (ordinarunt) fabricare,
fieri, venire 8. 37. 38. 39.

Palme 20 Anmerkg? 22. 23.
patricius 2.
peregrinus in terra aliena 43.
Pfalz (der Äbte) 50 a. b.

plus minus 35. 37.
Poesie, s. Verse.
ponere curavit 44.
pontifex 21. 37. S. episcopus.
post consulatum 12. 37.
praefectus urbis 2.
praepositus 13. 48.
praeses 1. 38. 39.
praetor 1.
presbyter 4. 8. 13.
Psalmengesang 5.

qui requiescat in pace 13.

redemtio 40.
Reliquiar 8. 41. 49. (Vgl. 50
Anmerkg.)
requiescat anima 16. (43).
requiescat in pace 13.
rex 11. 40.
Ring 3. 19. 20. 29. 30. 31. 32.
rogavit fieri 41.

sanctae memoriae 37.
sanctus 4. 6. 7.
sepultus 37.
sis mei memor 42.
Späte Inschrift 39 Anmerkg.
sub die 37.
sub lapide 38. 39. 44.
sub titulo 43.

tartarus 45.
Taube 18b.
Thonlampen 20 Anmerkg.
Thür-Inschrift 50 c.

Titulaturen:
clarissimus 38, s. vir cl.
clementissimus 11.
dominus 1. 9. 38. 39. 40.
sanctus 4. 6. 7.
vir clarissimus 2. 37. (38). 40.
vir inlustris 2. 36. 38. 39.
vir perfectissimus 1.
titulus 43.
Tonsur 21.
transiit 12. 40.
tumulus 35. 37. 40.

Urkundenstyl 44.
utere felix 3. 24.

Verse 1. 4. 5. 6. 7. 21. 37. 42.
45. 46. 49. 50.
vir clarissimus 2. 37. 40.
vir inlustris 2. 36. 38. 39.
vir perfectissimus 1.
virgo 43.
vivas in deo 22.
vivat deo 24.
vixit 12. 14. 15. 35. 37. 40.
vixit in hoc saeculo 37.

Wandinschriften 50.
Weiheinschriften 1. 8. 47.
Wohlthätigkeit 21. 37.

zeses 23.
Zurufe:
utere felix 3. 24.
vivas in deo 22.
vivat deo 24.
zeses 23.

Nachträge.

In der Zwischenzeit zwischen dem Druck und der Ausgabe vorstehender Sammlung haben sich einige Ergänzungen ergeben. Ich füge sie dem Hefte an, unter verbindlichem Dank gegenüber den Herren Gelehrten, welche mir ihre gütigen Mitteilungen gemacht haben.

1. Herr Edmond Le Blant bemerkt nach Durchsicht eines gedruckten Exemplars zu Nr. 4: „J'hésite à croire qu'elle puisse être contemporaine du défunt dont elle contient l'éloge. Sa formule n'a rien qui rappelle celles du début du VIe siècle et la date *consule Petro* est faite pour surprendre. On n'en connaît guères de cette forme... Bien qu'un marbre de Narbonne (mon n° 617) donne CS VALENTINIANO, je suis peu disposé à tenir pour authentique la date *consule Petro*. La forme classique nous donnerait quelquechose comme PETRO VC CONS (De Rossi, inscript. n° 960) ou CONS PETRO VC (n° 961). Ce n'est là toutefois pour moi qu'une impression devant un texte dont l'original n'existe plus." — Zu **Nr. 46**, Vers 9 und 10 erinnert derselbe Gelehrte an die liturgische Formel: *requiem aeternam dona ei, Domine, et lux perpetua luceat ei*. Schon in viel älterer Zeit findet man in Grabschriften Formeln aus der Begräbnisliturgie (Brief dat. 16. Aug. 1894).

2. Durch Herrn Bundesrichter Dr. Morel in Lausanne auf neueste Funde in St. Maurice aufmerksam gemacht, wandte ich mich an Herrn Chorherr Pierre Bourban, Professor der Theologie und Archivar der Abtei, und erhielt von ihm die Mittheilung, er habe an der Stätte der alten Basiliken daselbst zwei sehr wichtige christliche Denkmäler gefunden, einen guten Hirten, der bis in das 4. oder 5. Jahrhundert zurückgehen könne, und einen Ambon der merovingischen Zeit, ohne Inschrift; diese beiden Monumente werden von ihm mit Tafeln und historischen Nachrichten über Agaunum in der Revue de la Suisse catholique 1893 und 1894 (imprimerie catholique, Fribourg) publicirt. — Ferner hat der gleiche Gelehrte in der genannten Revue, janv. 1894, die oben unter Nr. 4—7 gegebenen Grabschriften der Aebte von Agaunum nach der kürzlich von den Bollandisten, Acta Sanctorum 2. November, publicirten Ausgabe angezeigt. (Ueber antike Inschriften vgl. Berichte des Herrn Bourban in der Gazette du Valais, 2. Dezbr. 1885, und in der Revue, Juni 1893). — Wörtlich gebe ich aus dem Briefe (dat. 24. Aug. 1894) folgende Nachricht über eine christliche Inschrift, die ich selbst noch nicht sehen konnte: „Dans un passage étroit, dans le mur de notre clocher qui a dû être bâti vers le Xe siècle, j'ai trouvé un marbre sorti des canières exploitées pour les bornes milliaires de l'époque constantinienne. Les deux extrémités sont engagées dans la maçonnerie du clocher, et dans la partie libre on lit:

/////DNE MISERERE ANI/////
Domine miserere animae ...

Les caractères offrent une régularité admirable, et quoique les angles des lettres soient moins accentués que dans les inscriptions damasiennes de Catacombes de Rome, il me semble que l'on pourrait rapprocher cette inscription de la belle époque de St. Damase."

3. Erfreulicher Weise wird mir der unter **Nr. 35** noch als vermisst bezeichnete Augster Grabstein als jüngst wiedergefunden avisirt. Herr Dr. Burkhardt-Biedermann in Basel schreibt (14. Sept. 1894), das Stück sei anlässlich der Uebersiedlung in das historische Museum wieder zum Vorschein gekommen, und fügt bei: „Wenn Vischer (Kleine Schriften II S. 461) erklärt, er finde auf Zeile 4 von dem Wort *memoriae* noch das R und einen Theil des O, so kann ich das erstere, nicht aber das letztere bestätigen. Was aber wichtiger ist: der Name des Begrabenen ist sicher zu lesen: *Baudoaldus*, nur

dass das zweite A gänzlich verschwunden ist, wie auch das Schluss-S. Dagegen ist nicht nur das D der Endsilbe, sondern auch der Querstrich des L bestimmt zu erkennen." — Auf dem mir freundlichst zugesandten Abklatsch finde ich diese Beobachtungen des Herrn Dr. Burkhardt bestätigt. Es heisst auch, wie Vischer las, *memoriae* (nicht archaïstisch *memoriai*). Die von Kraus angegebenen Masse sind ungefähr richtig; dagegen wird der Stein nicht als weisser Marmor, sondern als rother Sandstein bezeichnet. Die Buchstaben sind leicht ausgehauen und manche nicht mehr, oder wenig, erkennbar.

4. Folgende werthvolle Beiträge verdanke ich Herrn J. Mayor, Conservator des Musée Fol in Genf (Brief vom 19. October 1894): Zu **Nr. 11**, Zeile 3 vielleicht besser MVLTip/lCATo. — Zu **Nr. 12**. Auf dem Original lassen sich einige Buchstaben mehr erkennen: Zeile 3 MEMORlae; Zeile 4 AD ALFINa?; Zeile 5 ANnOs; Zeile 6 TRANSit; Zeile 8 APRILES; Zeile 10 . . . ITTEg, wobei aber nur die Buchstaben TTE sicher sind. — Zu **Nr. 13**: Le texte imprimé dans Spon, me paraît moins exact que celui que l'on trouve dans un manuscrit appartenant à la société d'histoire et d'archéologie de Genève et dont l'auteur, Jacques Flournois († 1693), fut un épigraphiste distingué; ses lectures sont d'une remarquable exactitude; il respecte la coupure des lignes, ce que ne fait presque jamais Spon, coupable d'erreurs bien plus graves encore. Voici ce que dit Flournois: „Au mois de Mars 1691, on trouva l'inscription suivante au fossé du demi-bastion gauche de l'ouvrage couronné, qui est l'endroit où étoit l'Eglise de S. Victor; on l'a mise dans la muraille de la traverse de la place d'armes voisine; elle est en lettres romaines"

    „✠ HIC REQVIESCIT
    IN PACE BONE ME
    MORIE AELLOLUS
    PRÆPOSITVS E PRES
    BITER QVI OBIIT
    XVII . . L OCTIMBRIS
    DNE REQVIESCAT
    IN PACE . AMEN"

On voit que le texte diffère en plusieurs points importants de celui de Spon. — Zu **Nr. 14**: C'est également dans le manuscrit de Jacques Flournois que l'on trouve le texte de cette inscription, et il est probablement dans ce recueil que Blavignac l'a copiée. Voici ce qu'en dit Flournois: „Au mois de Mars 1690, comme on travailloit en la gorge du Ravelin de la Noue, on trouva une tombe de pierre sur laquelle étoit cette inscription en lettres romaines. On l'a mise dans la muraille de la batterie du flanc gauche du boulevard du Pin, sous une armoire." Le texte a été exactement reproduit par Blavignac. Flournois explique la dernière ligne par: *Maria Mater Misericordiae miserere mei*; si l'on ajoute foi à ce que dit cet auteur, généralement véridique, l'hypothèse de Mommsen classant cette inscription parmi les textes faux ou modernes, n'aura plus de raison d'être. — Zu **Nr. 19/20**, anneaux. Il me semble qu'il y a, dans votre texte, une légère confusion entre mes Nos. VIII et X. Le No. VIII (Deloche CCXXVII) ne porte certainement pas d'autres lettres que le SI où S barré, tandis que le No. X d'autres caractères bien formés que j'ai proposé de lire SI · SENNII ou simplement SENNIVS. M. Deloche lisait SI · SAVINE, ce qui me paraît inadmissible. Je dit d'après l'inventaire manuscrit du Musée archéologique que l'anneau No. X provient des environs de Genève, mais cela peut fort bien être de la Haute-Savoie et, à ce compte-là, nos Nos. I, VIII et XI devraient avoir leur place dans votre recueil (für diesen Nachtrag muss ich darauf verzichten, weiter auf die Ringe zurückzukommen).

(Abgeschlossen im Dezember 1894.)

11

40

12

  41  47

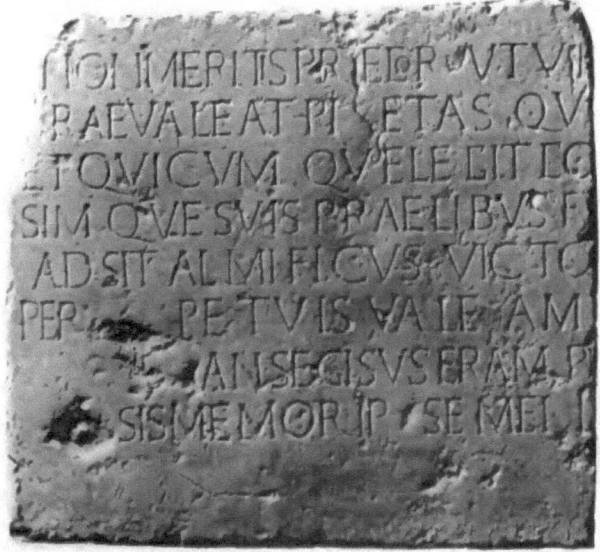 42

  44